사이토 다카시의

말로 성공하는 사람의

대화법

"KOTOBA NI DEKIRU HITO" NO HANASHIKATA:
15-BYO DE TSUTAEKIRU CHITEKI KAIWA-JUTSU
by Takashi SAITO

ⓒ 2017 by Takashi SAITO
All rights reserved.
Original Japanese edition published by SHOGAKUKAN.
Korean translation rights arranged with SHOGAKUKAN
through THE SAKAI AGENCY and DANNY HONG AGENCY.

Korean translation copyright ⓒ 2019 by SOSO BOOKS

사이토 다카시의

말로 성공하는 사람의

대화법

사이토 다카시 지음

황소연 옮김

15초 동안
아낌없이 전하는
지적 대화의 기술

소소의책

제4장 알고 있는 지식을 똑 부러지게 전하는 대화의 기술 · 159

서장

말하기가
서툰
이유

말 못하는 사람은 어마무시하게 손해를 본다

평소에는 그림자도 보기 어려운 회장님과 사내 엘리베이터에서 '딱' 마주쳤다.

"이번 신사옥, 어떻게 생각하나?"

"으음, 좋습니다."

"어떤 점이?"

"(한두 가지가 아닌데, 뭐부터 얘기해야 하지?) 그러니까 으음, 다 좋습니다."

무슨 말을 해야 할지 몰라서 우물쭈물하는 동안에 엘리베이터는 내려야 할 층에 도착했다. '모처럼의 기회였는데, 도대체 왜 입

이 떨어지지 않을까? 날 얼마나 한심하게 생각했을까!'

어느 날 회사 동료들과 함께 잡담을 나누는 시간에 이런 질문을 들었다면?

"며칠 전에 구속된 연예인 있잖아. 어떻게 생각해?"

"(누가 구속됐다는 거지?) 난 잘 모르는데……."

이렇게 얼버무린 탓에 대화의 분위기마저 썰렁하게 만든 경험, 혹시 없는가?

주위에서 보면, "저는 말주변이 없어서요. 재미나게 말 잘하는 사람이 엄청 부러워요" 하며 고민하는 사람이 참 많은 것 같다. 여기에서 '말 잘하는 사람'이란 대화를 할 때 상대방의 공감을 끌어낼 수 있는 사람을 지칭한다.

반대로 '말 못하는 사람'은 친구들에게 "생각 좀 하고 말해" 하며 자주 핀잔맞거나 화기애애한 대화의 온도를 차갑게 떨어뜨리는 경우가 많다.

말 못하는 사람이라는 꼬리표를 떼려면 먼저 '말로 표현한다(=전달하다)'와 '지식이 있다(생각하다, 알고 있다)'를 나눠서 생각해야 한다. 말하자면 말하기가 서툰 이유를 두 가지 장면으로 분절해보는 것이다.

정말로 모르니까 말로 표현하지 못하는 상황과, 알고 있지만 말로 조리 있게 알리지 못하는 상황!

몰라서 말 못하는 사람은 '아무 생각 없이 사는구나!' 하고 핀잔을 들어도 어쩔 수 없다. 사실이니까. 하지만 해결책은 있다. 몰라도 부드럽게 대화를 이어나갈 수 있는 기술이 존재한다. 이는 나중에 자세히 이야기하겠다.

유감스럽게도, 알고 있지만 단지 말을 못하는 사람은 지식을 충분히 갖추고 있지만 생각이 없는 사람으로 오해받기 십상이다. 아무리 톡톡 튀는 아이디어와 참신한 생각을 머릿속에 장착했더라도 그것을 출력(언어화)하지 못한다면 직장이나 사회에서 좋은 평가를 받기 어렵다.

요컨대 말로 표현하지 못하는 사람은 어마무시하게 손해를 본다. 뒤집어 말하면, 잘 몰라도 말을 잘하면 얻는 게 많다.

지식과 언어의 매트릭스

먼저 다음에 나오는 그림을 살펴보자. 이름하여 '지식과 언어의 매트릭스'!

그림의 세로축이 지식량을 나타내며 위로 갈수록 지식이 풍부하고 아는 게 많은, 말하자면 교양인이다.

가로축은 말솜씨를 나타내며 언어 구사 능력, 줄여서 언어력이

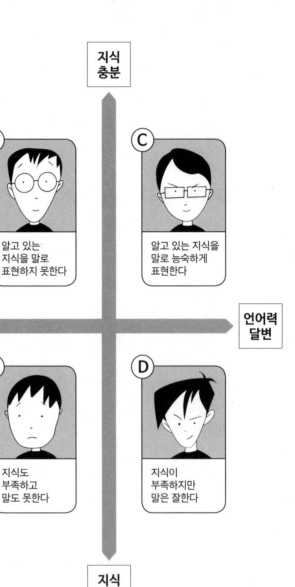

라고 달리 표현할 수 있다. 오른쪽으로 갈수록 말 잘하는, 달변가를 일컫는다.

그림에서 네 구역을 각각 A·B·C·D라고 구분해서 부르기로 한다.

먼저 A는 알고 있는 지식을 말로 표현하지 못하는 사람으로, 앞서 소개한 무척 안타까운 사람들이다. 지식량은 넘치는데 대화의 기술, 언어력이 부족하다. 특히 좌표가 왼쪽 위로 갈수록 안타까움의 정도가 심해진다.

다음은 B, 지식도 부족하고 말도 못하는 사람! 지식과 언어력이 모두 부족한 상황으로, 이런 유형의 사람과는 대화를 해도 재미가 없고 딱히 호감이 가지 않는다.

그다음, C는 알고 있는 지식을 말로 능숙하게 표현하는 사람으로 아는 것도 많고 말도 잘하는, 진정한 능력자다. '지식과 언어의 매트릭스'에서 가장 이상적인 유형이다. '저 사람은 정말 똑똑한 교양인이구나. 게다가 말도 청산유수야!' 하며 누구나 인정해주는 사람이다. 자신이 알고 있는 정보를 이해하기 쉽게 설명함으로써 주위 사람들에게 실질적인 도움을 주는 경우도 종종 있다. 정말 부러운 존재다.

마지막 D는 오늘날의 시대에 가장 적합한 유형이라고 표현해도 무방하다. 지식이 부족해도 말은 잘하는 사람, 즉 잘 모르는 화제라도 대화를 그때그때 형편에 맞게 이끌어갈 수 있는 사람이다. 여기에서 '그때그때'가 핵심이다. 그때그때의 형편에 맞춰 알맞게 대처하는 것을 임기응변이라고 하는데, 그런 의미에서 D는 임기응변에 능한 사람이다. 아울러 '융통성'도 그때그때와 단짝 친구라고 할 수 있다. 철철 넘치도록 만족스럽지는 않지만 부족하면 부족한 대로 쓸 만한 상태! 그런 대로 충분하기에 부족하거나 곤란하지는 않다. 따라서 그때그때 안성맞춤인 셈이다.

딱 부러지게 예스Yes도 노No도 아닌, 굳이 구분하자면 예스에 더 가까우며 시시비비를 가려 흰색이냐 검은색이냐가 아닌, 회색에 가까운 감성을 중시하는 것이다. D는 말 그대로 적절하게 융통성 있는 인물의 전형이다.

모든 것을 완벽하게 알고 있지는 않지만, 또 지성과 교양을 완전무결하게 갖추고 있지는 않지만 대화를 할 때 부족한 지식이 전혀 문제되지 않는다. 지식량에 상관없이 부드럽게 이야기를 이끌어갈 수 있는 능력을 갖추고 있다. 이들은 화제가 마르지 않고 대화의 분위기를 화기애애하게 띄우기도 한다. 회사에서 보면 일머리는 그럭저럭 보통인데, 왠지 승승장구하는 사람들 중에 특히 D 유형이 많다.

요즘 같은 시대에 가장 주목받는 인재는 그때그때 분위기를 부드럽게 만들면서 이야기꽃을 피워나가는 사람이 아닐까 싶다.

의사소통의 정점은 언어력

다시 그림을 자세히 살펴보자. 네 가지 유형 중에서 '최고의 이상향'은 C다. 어떤 상황에서도 C 유형에 속한다면 더할 나위 없지만, 모든 분야에서 짱짱한 지식을 자랑할 수 있는 사람은 많지 않다. 스포츠에서는 척척박사이지만 정치는 문외한이라든가, 누구보다 책은 열심히 읽지만 아이돌 가수는 이름도 모를 때가 있다.

다른 사람과 이야기를 주고받을 때는 어떤 주제가 튀어나올지 알 수 없다. 그도 그럴 것이 대화의 주제는 거의 무한대에 가깝기 때문이다.

여기에서 말하는 지식은 자신의 흥미나 관심 분야와 관계없이 화젯거리로 등장한 내용을 알고 있느냐의 문제다. '굳이 아이돌 이름을 줄줄 꿰고 있어야 할까요?'의 문제가 아니라 대화에서 정치 이야기, 아이돌 뉴스가 이야깃거리로 올라왔을 때 대화의 분위기를 깨지 않으면서 말을 이어나가는 것이 중요하다.

스스로 C 유형이라고 자신만만한 사람이라도 화제에 따라 D가 될 때도 있다. D는 해당 지식이 부족하더라도 언어력으로 그때그때 적절하게 넘어갈 수 있는 '안성맞춤 구역'이다.

지식
충분

A

알고 있는
지식을 말로
표현하지 못한다
정체 구역

C

알고 있는 지식을
말로 능숙하게
표현한다
최고의 이상향

언어력
눌변

언어력
달변

B
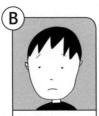
지식도
부족하고
말도 못한다
노력 필요 구역

D
지식이
부족하지만
말은 잘한다
안성맞춤 구역

지식
부족

A의 경우, 지식은 충분한데 지식의 출력이 부족한 탓에 언어 구사 능력이 발전하지 못하고 제자리에 머물러 있는 일명 '정체 구역'이다. 만약 자신이 A 유형이라면, 아웃풋output으로 특화된 제1장과 제3장의 내용을 더 꼼꼼하게 읽었으면 한다. 출력의 정체가 술술 풀리면 머릿속이 말끔히 정리되고 생각이 더 또렷해지는 부가 효과도 누릴 수 있다.

지식도 채우고 언어력도 키워야 하는 '노력 필요 구역'인 B에서 최고의 이상향인 C로 가기 위해서는 두 갈래의 방향이 존재한다. 하나는 지식량을 늘려서 A로 진입한 후, A에서 언어력을 갈고 닦아서 C로 나아가는 방법. 또 하나는 먼저 언어력을 갈고닦아서 D에 안착한 후, 지식을 차곡차곡 쌓아서 C로 향하는 방법!

B에서 A로 가는 길과 B에서 D로 가는 길을 서로 비교할 때 시간이 더 많이 걸리는 쪽은 전자다. 지식을 늘리려면 매우 긴 시간이 필요하기 때문이다. 따라서 그때그때 도움이 되는 안성맞춤 대화법을 우선 목표로 삼는 것이 훨씬 효율적이다.

어려운 지식이 머릿속에 충분히 입력되어 있지만 단지 눌변이라는 이유로, 지식인은커녕 생각 없는 사람으로 억울하게 내몰리는 사람.

화젯거리를 정확하게 알지 못한다는 이유로 자신감이 곤두박

질치면서 입도 뻥끗 못하는 사람.

대화에 등장한 내용을 모른다는 사실이 부끄러워서 아는 척하며 은근슬쩍 피하는 사람.

이처럼 말솜씨가 부족한, 말하기의 초심자에게 실질적인 도움을 주고자 하는 것이 바로 이 책의 목적이다.

표현력이 인물 평가로 이어지는 시대

요즘은 사람을 평가할 때 대화를 이끌어갈 수 있는 언어력이 중요한 지표로 작용하는 것 같다. 여기에서 말하는 대화란 '소셜 네트워크 서비스Social Network Service'(이하 'SNS'로 약칭) 활동을 포함한다. 즉 타인과 언어로 소통하는 능력이 그 사람의 인물 평가로 이어지는 셈이다.

이런 사회적 흐름이 과연 맞느냐 틀리느냐는 제쳐두더라도, 원만한 인간관계를 꾸려갈 때 언어력이 필수 요건임에는 분명하다. 따라서 말이 통하지 않는 사람, 특히 의견을 밝혀야 하는 자리에서조차 입을 굳게 다물고 있거나 질문에 엉뚱하게 대답하는 상대방을 거세게 비난하는 이유도 같은 맥락에서 생각해볼 수 있다.

물론 옛날부터 언어력을 인물 평가의 으뜸 척도로 삼았던 것은 아니다. 언어 사용은 물론이고 대화의 비중이나 가치는 시대와 함께 변하게 마련이다.

지금처럼 다채로운 화제가 대화의 주제로 등장한 것은 그리 오래되지 않았다. 아마도 옛날 사람들은 말하는 속도도 아주 느릿느릿하지 않았을까 싶다. '슬로 토크'는 어휘량이나 정보량 측면에서 그 이유를 찾을 수도 있지만, 예전에는 지금처럼 이야기를 주고받는 일 자체가 중시되지 않았다는 점에서 슬로 토크의 근거를 찾을 수 있을 듯하다. 요컨대 인물을 평가할 때 대화를 이끌어나가는 힘이 별로 중요하지 않았다는 뜻이다.

매일 부지런히 농사를 짓고 말할 때는 진심을 다해 거짓말을 하지 않으며 부모를 공경하고 형제들과 우애 있게 지내는 일이 조상들의 생활 덕목으로, 재치 있는 입담이나 유머러스한 말솜씨는 그다음의 문제였다.

하지만 지금은 시대가 변했다. 말로 표현하는 일이 한 사람의 능력은 물론이고 됨됨이를 결정하는 시대가 되었다. 따라서 언어력을 갖추면 좋은 인상을 주고 인간관계가 술술 풀리며 인생의 만족도도 올라간다.

이 책에서 내가 전하고 싶은 바는, 누구나 쉽게 바로바로 활용할 수 있는 대화의 기술과 조금 시간이 걸리지만 언어력을 갈고 닦으며 지식을 쌓아가는, 최고의 이상향을 향한 멀지만 멋진 여정이다.

그럼 첫걸음부터 힘차게 내딛어보자!

제1장

생각을 말로
표현하는
실천
아웃풋

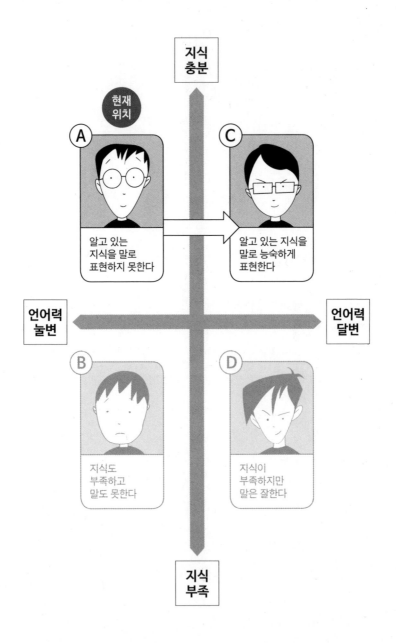

당신이 달변가가 되지 못한 이유

제1장에서는 '알고 있는 지식을 말로 표현하지 못하는 사람'(A)이 '알고 있는 지식을 말로 능숙하게 표현하는 사람'(C)으로 나아가는 방법을 이야기하려 한다.

달변가와 눌변가가 어떻게 다른지는 교양의 '코스트 퍼포먼스cost performance'라는 관점에서 생각하면 훨씬 더 이해하기 쉽다. 코스트 퍼포먼스란 가격 대비 성능, 즉 '가성비'를 말하며, 교양의 코스트 퍼포먼스는 머릿속에 있는 교양을 얼마나 끄집어낼 수 있느냐, 어느 정도로 생생하게 활용할 수 있느냐를 의미한다.

오늘날에는 교양을 입력하는 것만으로는 부족하다. 자신의 머릿속에 입력된 교양을 출력할 수 있어야 비로소 진정한 교양인으로 거듭날 수 있다. 따라서 출력, 즉 아웃풋의 비중이 높아진다. 아웃풋이란 자신의 내면에 들어 있는 정보를 언어로 표현해서 밖으로 끄집어내는 출력 활동을 뜻한다.

이를테면 지식량이 10, 출력 활동량이 4인 사람과 지식량이 5, 출력 활동량이 4인 사람을 비교했을 때, 실제 지식량의 차이는 두 배이지만 사람들은 두 사람의 지식수준이 비슷하다고 생각한다. 요컨대 지식과 정보에서는 많이 출력할수록 득이 된다.

주위에서 보면 입력된 정보량과 출력할 수 있는 정보량의 차이가 크게 벌어지는 사람이 많은 것 같다. 실제로는 아는 게 많지만 자신이 알고 있는 지식을 똑 부러지게 표현하지 못하는 사람이 그만큼 많다는 것이다.

그 이유는 두 가지다.

먼저 지나치게 겸손하면서도 소심한 경우를 꼽을 수 있다. 예로부터 '겸손'을 하나의 미덕으로 여기고 자신을 내세우지 않는 태도를 존중했는데, 오늘날에도 다른 사람 앞에서 자신의 의견을 당차게 말하는 것을 왠지 달가워하지 않는 분위기다.

예컨대 초등학교나 중학교 교실에서 "이 문제, 누가 한번 풀어볼까요? 풀 수 있는 사람, 손 들어보세요!" 하고 선생님이 질문했을 때 스스로 손을 드는 학생은 많지 않다. 이는 수업 시간뿐 아니라 놀이나 운동도 마찬가지다. '할 수 있는 사람?' 하고 물으면 아무도 대답하지 않지만, 어떤 학생을 콕 찍어서 해보라고 시키면 충분히 해낸다. 그것도 아주 잘해낸다.

서양의 초등학교 교실을 견학해보면, "누가 해볼까?" 하는 선생님의 말이 떨어지기가 무섭게 많은 아이들이 "저요, 저요!" 하고 손을 들고, 심지어 못하는 아이도 덩달아 손을 들 정도다.

물론 공손한 말씨는 중요하지만, 공손함을 넘어 머뭇머뭇 얼버무리는 말투는 다른 사람에게 좋은 인상을 주지 못한다. 옆에서 보기에 불편할 뿐더러 신뢰감이 떨어진다. 인격이나 인품이라는 측면에서 말하자면 겸손은 분명 미덕이다. 그러나 '잘은 모르겠지만' 혹은 '자신은 없지만' 식의 지나치게 소심한 서두는 환영받기 어렵다. 게다가 본론에 들어가기까지 시간이 너무 오래 걸리면, '그래서 결론이 뭔데? 도대체 하고 싶은 말이 뭐야?' 하며 얼굴이 찌푸려지게 마련이다.

출중한 실력을 만천하에 공개하는 일은 왠지 건방져 보이니까 다른 사람에게 나댄다는 인상을 주지 않으려고 알면서도 모르는 척 조용히 뒷짐 지고 있는지도 모른다. 또 실수를 두려워하기 때문에 애써 나서지 않는 사람도 있을 것이다.

특히 요즘은 엉터리 가짜 뉴스가 판을 치다 보니, 정보의 정확성에 좀 더 신경 쓰는 사람이 많은 것 같다. 어설픈 정보가 아닌 완벽한 지식이나 정보를 전달하기 위해 신중을 기하는 것이다. 마찬가지로 일상적인 대화에서도 '틀리면 안 돼!' 하는 마음이 앞서다 보니 실수를 과도하게 경계한다. '실수를 하느니, 차라리 입을 꾹 다물고 있는 게 나아'라고 생각하는 것이다. 마치 정확함의 타율을 9할 5푼에 맞추고 있다고나 할까.

완벽함을 추구하고 반쯤 아는 지식이라면 말하지 않는 것이 모범 답안일지는 모르지만, 일상적인 대화에서 정확성을 강요한다면 융통성이 너무 없다고 말할 수 있다. 가장 바람직한 언어생활은 전하고 싶은 바를 또렷한 언어로 표현하는 일이다. 말하는 사람의 뉘앙스를 객관적으로 전달하는 것이다.

이때 적당한 배짱이 필요하다. 실력은 있지만 용기가 없다면 머릿속의 지식을 겉으로 표현할 수 없다. 겉으로 표현하지 못하면 실력 없는 사람으로 낙인찍힌다. 손해가 이만저만이 아니다.

알고 있는 지식을 말로 표현하지 못하는 두 번째 이유는 출력하겠다는 각오가 부족한 상황을 꼽을 수 있다. 애초 출력이라는 아웃풋에 익숙하지 않기 때문에 아웃풋을 염두에 두고 인풋input 하지 않는 것이 현실이다.

중학교나 고등학교 교실에서 보면 중간고사, 기말고사가 바로 코앞에 닥쳐야 공부를 해야겠다는 마음이 생기고, 그나마 시험

대비용 공부를 시작하는 학생이 대다수다. 하지만 그날 배운 내용을 곧바로 출력할 수 있도록 훈련해야 한다는 것이 내 지론이다. 이를 '재생 방식'이라고 부르는데, 수업 내용을 듣는 순간이 기억에 가장 또렷이 남기 때문에 배운 지식을 머릿속에 정착시키기 위해서는 그날 당장 친구와 서로 대화하며 의견을 주고받는 토론이 반드시 필요하다. 이런 재생 공부를 하지 않기 때문에 몇 주 후 시험을 앞두고 힘겹게 배운 내용을 떠올리며 벼락치기 공부를 하는 것이다.

수업 직후에 바로바로 아웃풋한다는 마음가짐이 확고하다면, 애초 아웃풋을 염두에 두고 인풋할 수 있다. '이 내용을 나만의 언어로 표현하려면 어떻게 말해야 할까?' 식으로 생각하면서 수업을 경청하기 때문에 효율적으로 학습 내용을 머릿속에 새겨 넣을 수 있다.

학생들은 언어로 출력하지 않아도 시험 답안지에 정답을 써내면 알고 있는 것으로 간주되어 좋은 성적을 받을 수 있지만, 시험을 보지 않는 어른은 이마저도 불가능하다. 그도 그럴 것이 지식인을 가늠하는 테스트가 따로 없으니 대화 중에 지식과 교양을 갖추고 있는 사람으로 인정받아야 하기 때문이다.

이런 연유에서라도 평소에 좀 더 긴장하고 출력량을 늘려야 하지 않을까 싶다.

책을 읽거나 영화를 본 다음, 그 내용을 누군가에게 이야기하고 있는가?

아마도 입력한 내용이 10이라면 그중 1도 제대로 출력하지 않는 사람이 대부분일 것이다. 아웃풋하지 않으면 인풋한 정보조차 흐릿해지고 점점 생명력을 잃게 된다. 기억에서 사라진다는 뜻이다.

제3장에서 자세히 소개하겠지만, 다른 사람에게 이야기함으로써 비로소 정보가 자신의 머릿속에 정착된다. 다른 사람에게 들은 내용보다 자신이 입으로 말한 내용을 더 오래 기억할 수 있다. 지식의 저장이라는 측면에서는 듣기보다 말하기가 훨씬 더 유리하다. 그러니 주위 사람들에게 민폐를 끼치지 않는 범위 내에서 출력을 강추하는 바이다.

인풋에서 아웃풋으로 향하는 물꼬를 시원하게 터서 지식이나 정보의 흐름이 정체되지 않게, 아웃풋을 기꺼이 즐기는 하루하루의 실천이 매우 중요하다.

잡지로 갈고닦는 '나의 관심사'

입력된 정보를 출력할 때는 정보를 나름대로 오려내는 방식이 존재하게 마련이다. 자신이 읽은 책, 본 영화를 첫 줄부터 혹은 첫 장면부터 마지막까지 설명하는 사람은 없을 테니까 말이다.

이처럼 재미있거나 공감했거나 스스로 인상적이라고 느낀 대목을 다른 사람에게 전달하게 되는데 '무엇을 재미있게 읽었는지, 어떤 점이 감동적이었는지', 정보를 요리조리 잘라내는 작업 자체가 창조성으로 통한다.

구체적인 예를 들자면, 헤어숍에 구비된 잡지를 통해서도 정보의 '가공력'을 갈고닦을 수 있다. 패션 잡지, 인테리어 잡지, 주간지 등 다양한 분야의 잡지가 놓여 있는데, 개인적으로는 평소 접하지 않는 분야를 만날 수 있는 좋은 기회라고 생각한다.

실제로 며칠 전에 나는 단골 미용실에서 〈GQ JAPAN〉이라는 잡지를 집어 들었다. 〈GQ JAPAN〉은 럭셔리하고 스타일리시한 분위기의 잡지로, 평소에는 잘 읽지 않는 남성 매거진이다. 패션에는 관심이 없어서 그나마 친숙한 가방이나 구두 화보를 뒤적거리고 있었는데, 세계적인 디자이너 야마모토 요지山本耀司(1943~)의 인터뷰 기사에 눈이 번쩍 뜨였다.

지난 40년간 가장 영향력 있는 패션 디자이너 중 한 명으로 손꼽히는 야마모토 선생은 지금까지 패션만 생각하고 살아왔기에 머릿속에는 온통 옷과 패션으로 가득하다고 했다. 선생의 어머니가 직접 의상실을 운영하는 디자이너였다는 가정환경의 영향도

받아서 어릴 적부터 옷만 보고 옷만 생각했다는 것이다. 옷을 디자인할 때는 아이디어가 무엇보다 중요한데 오랫동안 한 우물을 파다 보니 아이디어가 하늘에서 뚝 떨어질 때까지 마냥 기다리는 것이 아니라 스스로 아이디어를 콕 찍어낼 수 있게 되었다고 야마모토 선생은 고백했다.

흔히 아이디어라고 하면 번쩍 떠오르는 것, 자신도 모르게 샘솟는 신비한 존재로 생각하지만 많은 견본이나 조합을 경험칙으로 갖고 있다 보면 아이디어를 막연히 기다릴 필요가 없다고 야마모토 선생은 역설했다. 요컨대 스스로 아이디어를 짜내고 싶을 때 떠올릴 수 있다는 것이다.

가만히 생각해보면 나도 아이디어가 샘솟기를 마냥 기다리기보다 아이디어를 스스로 발굴한다는 심정으로 일하고 있다. 기존의 경험이 자유로운 발상을 방해하는 것이 아니라, 오히려 수많은 경험칙이 있기에 아이디어를 쉽게 찾아낼 수 있다는 이야기에 저절로 고개가 끄덕여졌다.

다시 잡지 이야기로 돌아와서, 아무 생각 없이 페이지를 넘긴다면 유용한 정보를 흘려버릴 수 있고, 애초에 패션지에 관심이 없다고 삐딱한 시선으로 읽다 보면 얻는 게 하나도 없을지 모른다. 하지만 당장은 관심 분야가 아니더라도 '나에게 도움이 되는 정보가 없을까, 뭔가 재미난 이야기가 있지 않을까?' 하고 입력과 출력을 조금만 생각하면서 읽으면 반드시 솔깃한 정보를 만날 수 있다.

더욱이 생각을 언어로 구현하려면 '왜 하필 그 기사에 시선이 고정되었는지'를 자문자답하는 과정이 필요하다. 위의 사례에서 말하자면, '경험칙을 쌓음으로써 아이디어를 스스로 짜낼 수 있다'는 야마모토 선생의 이야기에 나는 진심으로 공감했고, 나아가 내가 즐겨 하는 방식을 제삼자가 언어로 표현해주었기 때문에 인터뷰 기사가 더 솔깃하게 다가왔던 것 같다. 이처럼 많은 정보들 중에서 유독 그 정보에 흥미를 느낀 이유가 '공감했다' 또는 '고개가 절로 끄덕여졌다'는 식으로 명확하다면, 해당 정보를 누군가에게 그대로 전달하는 것만으로도 충분히 자신만의 독창성을 발휘할 수 있다.

앞서 소개한 〈GQ JAPAN〉에는 일본의 대표적 자유주의 논객인 우치다 다쓰루内田樹(1950~)의 에세이도 실려 있었다. 우치다 선생은 본질을 포착해서 정확한 언어로 표현하는 사상가이자 철학, 교육, 정치, 문화 등 다양한 분야를 아우르며 집필 활동을 왕성하게 이어나가고 있는, 일본 최고의 지성으로 꼽히는 인물이다.

에세이의 주제는 일본 국왕의 생전 퇴위에 관한 내용으로, 생각할 거리를 안겨준 대목을 소개하면 다음과 같다.

나는 오랫동안 천황제와 민주주의는 상극이라고 생각했습니다. 하지만 지금은 생각이 조금 바뀌었습니다. 서로 어울리지 않는 두 가지의 통치 원리가 상생할 수 있도록 국민이 지혜를 짜내는, 그 창의적인, 역동적인 프로세스가 작동하고 있다는 사실이 국가의 활력을 낳는다는 것이지요. 하나의 통치 원리를 내세우며 위에서부터 아래까지 일사천리로 관철시키는 원리주의 국가보다 두 가지 원리가 공생하는 쪽이 어쩌면 더 살기 좋을지도 모른다는 생각에 이르게 되었습니다.

일본에 존재하는 천황제의 의미는, 급작스럽게 국가 형태가 바뀌지 않도록 일종의 누름돌 역할을 다한다는 점에서 찾을 수 있을 테고, 바로 여기에서 생전 퇴위를 생각해보자는 것이 우치다 선생의 주장이었다. 아울러 "일본에는 천황이 있어서 좋겠네요" 하는 외국인의 이야기를 듣고 이런 주장을 펼치게 되었다는 말도 덧붙였다. 대통령제에서는 정권이 바뀔 때마다 국가가 다소 불안정해질 수 있지만, 일본에는 천황제가 존재하기에 아무래도 그럴 우려는 덜하다. 그런 의미에서 우치다 선생은 일본 천황제의 의미를 '누름돌'에서 찾았던 것이다.

이런 글은 정치 이념에 관계없이 국가를 바라보는 하나의 관점으로 알아두면 좋지 않을까 싶다. 그도 그럴 것이 국내에서의 논

쟁 못지않게, 외국에서 일본의 천황제를 어떻게 인식하느냐의 시
각도 중요하기 때문이다.

자신만의 정보 오려내기

　방대한 정보가 실려 있는 한 권의 잡지에서 특정 지식을 뽑아
내는 센스와 안테나는 오로지 자신만의 것이다.

　자신만의 정보, 즉 '나만의 지식 보관함'을 든든하게 채우기 위
해서는 우선 개인의 취향에 따라 자료를 취사선택하고, 추려낸
다음에는 그 데이터가 자신의 머릿속에서 생생하게 살아 움직일
때 출력해야 한다. 지식과 정보는 신선도가 생명이다. 모처럼 맞
춤 정보가 머릿속에 들어와도 유통기한이 지나면 망각의 저편으
로 사라져버리지만, 소실되기 전에 언어로 표현해두면 자신만의
맞춤 정보로 싱싱하게 보관할 수 있다.

　잡지 예찬을 덧붙이자면, 훌륭한 잡지는 행간을 채우고 있는 에
너지의 농도가 무척 진하다. 기사 하나하나의 품질이 매우 높기
때문에 본문에 등장하는 언어에서 상당한 무게감이 느껴지기도
한다. 앞서 소개한 〈GQ JAPAN〉이라는 잡지를 펼쳤을 때, 패션에
문외한인 나도 잡지 자체의 훌륭함에 매료되었으니까 말이다.

잡지라는 매체의 특징은 '잡다한' 정보가 책 한 권에 농밀하게 담겨 있다는 점이다. 잡다하다고 표현했지만, 절대로 산만하거나 중구난방이 아니다. 한 권의 잡지에는 편집자의 안목과 시각이 투영되어 있기에 지식과 정보를 진열하는 중심축이 반드시 존재한다. 중심축, 즉 잡지의 방향성과 자신이 찾고 있는 정보가 조금이라도 일치한다면 배울 거리, 유용한 자료를 좀 더 쉽게 흡수할 수 있다.

실시간으로 정보가 쏟아지는 오늘날에는 '편집'이라는 선택의 기준점이 없으면, 정보의 바다에 익사하기 십상이다. 그러므로 무엇이 중요한 정보이고 무엇이 허접한 정보인지, 정보를 받아들이는 사람이 신중하게 생각하고 판별해야 한다. 인기가 있는지 없는지는 인터넷의 조회 수로 가늠할 수 있지만, 검색 조회 수와 정보의 품질은 전혀 다른 이야기이기 때문이다.

요즘은 잡지 구독자를 찾아보기 힘들지만, 자신만의 정보를 오려내는 안목을 키우고자 한다면 잡지 읽기를 적극 추천하고 싶다.

사물의 연관성을 발견하는 편집력

생각을 말로 표현하는 실천 아웃풋의 으뜸이라면 단연코 '소리 내어 말하기'라는 신체 표현을 꼽을 수 있지만, 자신의 이야기를 들어줄 사람이 없다거나 남 앞에서 말하기가 쑥스러운 사람도 분명 있을 것이다.

이처럼 말하기가 여의치 않은 상황에서는 인터넷 공간을 활용해본다. 인터넷 창은 언제나 활짝 열려 있고, 누구나 자기표현의 공간을 확보할 수 있다. 이때 고민해야 할 문제는 '어떤 표현 수단을 이용할 것인가?'이다.

문장력이 있다면 SNS나 블로그에 글로 표현하는 방법을, 영상이나 음악에 자신 있다면 동영상 사이트를 활용하는 방법을 모색한다. 요컨대 인터넷에서는 자신 있는 표현 수단으로 아웃풋할 수 있다.

글로 표현할 때는 말과 달리 자신의 생각을 정리해서 적어야 한다. 다소 진입장벽이 높지만 그만큼 자신만의 지식과 실력으로 정착된다.

내가 몸담고 있는 대학에서도 개성 넘치는 학생들을 종종 만나게 되는데, 그중에서 흥미로운 아웃풋의 사례를 잠시 소개하려 한다.

별명이 '호기심 천국'인 한 학생은, 어린 조카에게 이다음에 되고 싶은 것을 말하면 모두 들어주겠다며 조카에게 무엇이 되고 싶은지 물었다고 한다.

그러자 조카는 "유튜버가 되고 싶어요!" 하고 대답했고, "그럼 당장 유튜브에 올릴 만한 영상을 찍어보자!" 하며 조카와 학생은 의기투합했다.

"그런데 어떤 유튜버?" 하고 조카에게 거듭 물었더니, "장난감을 소개해주는 친구!" 하며 해맑게 웃는 조카!

그리하여 학생은 조카가 장난감을 갖고 노는 여러 가지 방법을 소개하는 영상을 찍어서 동영상 공유 사이트인 유튜브에 올렸고, 꿈을 이룬 조카는 무척 좋아했다는 훈훈한 이야기다.

스마트폰을 이용하면, 짧은 동영상 정도는 누구나 척척 만들 수 있다. 인터넷에 영상을 업로드upload했을 때, 그 영상을 시청한 사람의 반응이나 코멘트가 있으면 처음에는 마냥 신기하면서도 흐뭇하고, 시간이 지나면 좀 더 나은 영상을 제작하려면 어떻게 해야 할까 고민하는 과정에서 요즘 가장 핫한 직업인 '유튜브 크리에이터'(유튜브에 동영상을 올리는 영상 콘텐츠 제작자 - 옮긴이)가 탄생할지도 모른다.

삼행시를 즐겨 짓는 어떤 학생은 자신의 마음을 삼행시로 오롯이 표현한다. 그 학생은 앞으로 지리 선생님을 꿈꾸고 있는데, 지리 지식을 삼행시로 지어보라고 추천했더니 아열대 기후나 툰드라 기후 등을 삼행시로 깔끔하게 정리해서 나에게 알려주기도 했다.

이처럼 자신 있는 표현 수단을 하나만 갖고 있으면 그 도구를 매개로 아웃풋을 조금씩 실천할 수 있다. 한 가지 주제로 꾸준히 동영상을 제작하는 크리에이터, 뭐든지 삼행시로 표현하는 시인, 혹은 파워포인트의 달인도 있을 것이다.

이때 가장 중요한 것은 자신만의 '편집력'을 갖추는 일! '조카의 꿈×동영상', '삼행시×지리'라는 조합이야말로 편집력을 발휘하는 기술이다.

편집력은 하나의 정보와 또 다른 정보를 어떻게 연결해서 조합하느냐에 달려 있다. 어디에 초점을 둘 것인가의 안목과 언뜻 보기에는 전혀 연관성이 없어 보이는 것들끼리 보조선을 그어서 연결하는 센스를 발휘함으로써 결과적으로 자료를 '모아輯 엮는編' 것이 바로 '편집編輯'인 셈이다.

편집력을 말할 때 빼놓을 수 없는 것이 마쓰오카 세이고松岡正剛 (1944~) 선생의 참신한 발상이 돋보이는 『정보의 역사 情報の歷史』라는 책이다. 다양한 분야를 연결하여 지식의 세계를 재편하며 전설의 편집자로 불리는 마쓰오카 선생은 정보의 편집을 아주 오래전부터 강조한 편집공학자다.

선생이 엮은 『정보의 역사』는 1990년에 출간된 책으로, 놀라운 사실은 '인간이 어떻게 정보를 기록해왔는지'의 관점에서 '세계 동시 연표' 형식으로 본문 전체를 편집했다는 점이다. 몇 년에 일본에서 무슨 일이 있었고, 동시에 세계에서 어떤 사건이 있었는지 정보에 관한 모든 사항을 한눈에 알 수 있도록 병기해서 소개하고 있다. 이것이야말로 정보를 연표라는 형식으로 모아서 엮은 결과물이다.

'미스터 엔'으로 통하는 세계적인 경제학자 사카키바라 에이스케榊原英資(1941~) 교수를 역사 프로그램에서 만난 적이 있다. 그때 사카키바라 교수는 역사를 이해하는 데 연표의 연도가 매우 중요하며 몇 년에 일본에서 무슨 일이 있었고, 같은 해에 유럽에서 무슨 일이 있었는지를 바로 꿰뚫어볼 수 있는 지식은 매우 중요하다고 지적했다. 게다가 사카키바라 교수는 지금도 잠들기 전에 마쓰오카 세이고의 『정보의 역사』를 읽으면서 연대별로 사건을 외우고 있다고 한다.

역사적인 연표 따위는 암기할 필요가 없는, 의미 없는 일이라고 생각하는 사람도 있지만 사카키바라 교수는 '이는 지식에 대한 무책임이다'라고 일갈한다. 나도 그의 주장에 전적으로 동의한다. 몇 년에 세계에서 무슨 일이 있었는지, 그리고 같은 해에 일본에서 무슨 일이 있었는지는 하나로 기억해둔다. 이는 역사를 통찰하는 데 반드시 필요한 작업이다.

같은 맥락에서 마쓰오카 세이고의 획기적인 편집력이 응축된 『정보의 역사』는 연대표 형식으로도 '지知의 편집'이 충분히 가능하다는 사실을 가르쳐준 양서라고 할 수 있다.

세 가지 키워드가 설명의 정석

새로운 정보를 들었을 때 지식을 단편적으로 기억하지 말고 '이것과 저것은 관련이 있다', '이것과 그것은 공통점이 있다'는 식으로 여러 정보를 연관 지어서 하나로 기억해두면 머리에 오래 남고 출력하기도 쉽다.

이와 같은 관련짓기도 '편집력' 중 하나인데, 특히 추천하고 싶은 방법은 키워드 세 개를 하나로 묶어서 기억하는 방법이다. '3'은 안정된 숫자로, 한 묶음으로 만들기에 가장 적합한 수다.

예를 들어 일본 호러소설대상을 받은 세나 히데아키瀬名秀明 (1968~)의 『제3의 인간パラサイト·イヴ』이라는 장편소설을 세 가지 키워드로 설명한다면, '미생물의 일종인 **미토콘드리아**가 인간의 몸 안에서 **각성**해서 **인간을 점령하는** 이야기'라고 줄거리를 짤막하게 소개할 수 있다. 물론『제3의 인간』은 꽤 두툼한 장편소설이라서 수많은 이야기가 본문에 등장하는데, 한 권의 책을 처음부터

끝까지 기억하는 것도 설명하는 것도 불가능하다. 그렇기에 딱 세 가지 키워드로 요약 정리할 수 있을 만큼만 책 내용을 소화하고 있으면 그것으로 충분하다. 요컨대 책 읽은 보람이 있다.

우리가 세상의 모든 지식을 100퍼센트 완벽하게 흡수할 수 없기 때문에, 새로운 정보를 접했을 때는 무턱대고 외우지 말고 키워드 세 개를 활용해서 입력과 출력을 좀 더 효율적으로 머릿속에 정착시키자는 것이다. 아울러 세 가지 키워드는 '인풋과 아웃풋의 가성비 높이기'라는 이 책의 주제와도 찰떡궁합이 아닐까 싶다.

뉴스에 등장하는 전문 용어도 키워드 세 개를 활용해서 자신만의 언어로 입력해두면 지식을 출력할 때 크게 도움이 된다. 요즘 언론에 자주 소개되는 '포퓰리즘populism'이라는 단어를 세 가지 키워드로 설명해보면 다음과 같다.

포퓰리즘이란 '대중'의 '인기'에만 영합해서 목적을 달성하려는 정치 형태로, 미국의 '트럼프 대통령'이 대표적인 사례다.

이렇게 요약하면 충분히 이해할 수 있을 것이다. 즉 '대중', '인기'라는 뜻풀이, 그리고 '트럼프 대통령'이라는 구체적인 사례를 추가함으로써 누구나 고개를 끄덕이게 된다. 새로운 단어, 어려운 표현이 나오면 간결한 설명과 구체적인 사례를 하나로 묶어서 알아두면 지식을 쉽게 소화할 수 있다.

이때 세 개의 키워드를 선별하는 방법과 각각의 키워드를 연결하는 방법은 '편집력'에 달려 있다. 어떤 단어를 선택하느냐에 따라 상대방의 이해도가 달라지고, 단어를 어떻게 연결하느냐에 따라 설득의 정도가 판가름 난다.

똑같은 단어(정보)를 말해도 편집력에 따라 '이 사람이 설명하면 머릿속에 쏙쏙 들어오네', '저 사람은 왠지 어려워. 모호한 설명만 잔뜩 늘어놓잖아' 하며 전혀 다른 반응을 보이게 마련이다.

자신의 경험을 떠올려봐도 알 수 있듯이, 어려운 내용을 장황하게 늘어놓으면 듣는 사람은 더 혼란스럽기만 하다. 반면에 쉬운 것부터 어려운 내용까지 짧고 또렷하게 설명하는 사람은 어디에서나 말 잘하는 달변가로 대접받는다.

어려운 단어를 설명할 때는 15초 정도로 끝내는 것이 이상적이다. 앞서 예로 든 포퓰리즘은 15초 안에 전달할 수 있다. 만약 시간을 더 단축해서 10초 내외로 간략하게 요약한다면 더 쉽게 이해할 수 있을 것이다.

'컴플라이언스compliance'는 '법규를 준수한다는 의미로, 기업에서의 중요성 확대'라고 표현하면 되고, '철학'은 '영어로 필로소

피philosophy라고 하는데, 이는 지혜를 사랑하는 학문이라는 뜻'이라고 설명하면 3초 만에 끝낼 수 있다. 이렇듯 초 단위로 간결하게 정리하는 훈련을 반복하면 어떤 상황에서도 명료한 대화가 가능하다.

여유 있게 잡담을 나눌 때는 주저리주저리 수다가 통할지도 모르지만, 대부분의 일상생활에서는 시작과 끝이 분명한 말하기가 상대에게 좋은 인상을 남기게 마련이다. 뭔가 거창하게 질질 끌면서 말하는 사람보다 요점을 콕 찍어서 간명하게 말하는 사람이 훨씬 더 호감을 줄 수 있다는 뜻이다.

타인의 시간을 소중히 여기고, 게다가 이야기하고 싶어 하는 사람을 방해하지 않으면서도 가치 있는 정보를 제공할 수 있다면, 그것이야말로 가장 빛나는 대화일 것이다. 이는 말하는 사람도 듣는 사람도 두루두루 기분이 좋다. 물론 가치 있는 정보라고 해서 전문적인 내용이나 학술적인 지식에만 얽매일 필요는 없다. 신문이나 라디오, 텔레비전을 통해 알게 된 정보도 충분히 가치있다.

오늘날에는 텔레비전을 바보상자라며 폄하하는 사람이 많지만, 나는 텔레비전을 좋아한다. 그것도 즐겨 보는 편이다. 특히 정보 프로그램을 자주 보는데, 실시간 시청이 아닌 녹화 프로그램을 빨리 돌려본다. 나는 정보를 얻기 위해서 방송을 시청하기 때문에, '빨리 보기'로 무슨 내용인지 알아들을 수 있게만 틀어두면 중요한 부분을 놓치지 않고 소기의 목적을 달성할 수 있다. '건너뛰며 읽기'와 마찬가지로 '건너뛰며 보기'를 하는 셈이다.

이렇게 텔레비전을 통해 정보를 모아두면 이야깃거리가 막히지 않는다. 소소한 정보를 곁들이면서 남녀노소 구분 없이 누구와도 편안하게 대화를 할 수 있다.

횡설수설하지 않고 또렷하게 소통하고 싶다면 키워드 세 개를 연결해서 이야기의 뼈대를 만들어보자. 분명 빠른 시간 내에 의미 있는 대화를 할 수 있을 것이다. 아울러 풍부한 화제를 상대방과 교환할 수도 있다. 3초, 5초, 15초라는 짧은 시간과 세 가지의 키워드 설명을 제대로 활용한다면 많은 지식과 정보를 나눌 수 있으리라 확신한다.

다양한 시각으로 다채로운 아웃풋을

자신의 주장이나 의견을 언어화하려면 말과 글로 표현하기 전부터 생각을 갈고닦아야 한다. 이때 사물을 다각도로 볼 수 있다면 독창적인 사고력을 키우는 데 크게 도움이 된다. 그도 그럴 것이 편협한 시각이 아니라 다양하게 생각하고 다채로운 관점을 지닌 사람은 폭넓은 인풋으로 아웃풋도 탁월하기 때문이다.

앞에서도 언급했듯이 나는 잡지 읽기를 좋아하는데 〈스포츠 그래픽 넘버Sports Graphic Number〉(약칭은 'Number')는 1980년 창간호부터 챙겨보고 있는 스포츠 전문 잡지다. 이 잡지 덕분에 스포츠를 바라보는 관점, 스포츠 비평에 관심을 갖게 되었다. 물론 스포츠에 관한 종합 정보도 얻을 수 있지만, 단편적인 지식보다 다양한 시각을 키울 수 있다는 점이 나에게 매력 포인트로 다가왔다.

잡지 기사 중에 논픽션 작가인 야나기사와 다케시柳澤健(1960~)가 연재한 프로 레슬링 이야기는 다시 봐도 흥미롭다. 잡지에 실린 글을 모아서 단행본으로 출간한 『1984년의 UWF1984年のUWF』도 화제가 되었다. 책의 주된 내용은 1984년에 설립된 UWFUniversal Wrestling Federation라는 프로 레슬링 단체의 내밀한 이야기로, 설립 당시 프로 레슬링 선수로 활동하던 마에다 아키라前田日明(1959~)가 어떻게 했다던가, 일본 프로 레슬링의 영웅이었던 안토니오 이노키アントニオ猪木(1943~)는 그때 무엇을 했다던가 하는 식으로 사실과 사건을 하나하나 파헤치며 밀도 있게 적어 내려가고 있어서 프로 레슬링을 전혀 몰랐던 나도 흥미진진한 이야기에 빠져들었다.

말하자면 프로 레슬링의 세계를 보는 눈이 하나 더 길러진 셈이다. 배경이 되는 사건과 선수들의 미묘한 관계를 알면 경기의 의미가 전혀 다르게 보인다. 게다가 일종의 비유인 '프로 레슬링

같네요!'라는 의미심장한 표현을 자유자재로 구사할 수도 있다.

아마추어 레슬링과 프로 레슬링의 차이를 소개한다면, 아마추어는 상대를 이기는 것이 가장 중요한 목표로 승리를 위해서는 상대방의 장점을 처음부터 차단해야 한다. 상대의 필살기가 나오지 않도록 경기에 임하는 것이 아마추어 레슬러의 자세다.

반면에 프로 레슬링은 상대방의 장점을 철저하게 끌어내는 게임이다. 따라서 상대가 기술을 걸고 있다는 사실을 훤히 알면서도 그 기술을 기꺼이 받아내는 것이 바로 프로 레슬링의 세계인 셈이다.

"그건 일부러 속아주는 거잖아요!" 하고 말한다면, 프로 레슬링을 전혀 모르는 사람이다. 상대방의 장기를 끄집어내면서 기술을 서로 주고받아야 경기가 성립된다. 그런 게임의 규칙을 충분히 참고 견뎌내면서도 자신의 묘기를 보여주는 것이 프로 레슬링의 묘미다. 요컨대 이기고 지는 승부가 중요한 것이 아니라 서로의 매력을 아낌없이 이끌어내는 기술이 진정한 프로 레슬링 선수의 역할인 것이다.

이미 오래전에 프로 레슬링의 재미와 깊이를 규명한 사람이 있었으니, 그는 바로 『나는 프로 레슬링 쪽입니다 私プロレスの味方です』라는 책을 집필한 무라마쓰 도모미 村松友視(1940~)라는 소설가다.

일본 나오키 상과 이즈미 교카 상을 받은 작가인 무라마쓰 선생은 프로 레슬링을 주제로 한 걸작 에세이 『나는 프로 레슬링 쪽입니다』를 데뷔작으로 발표했다. 이 책에서 선생은 경기와 연기가 결합된 프로 레슬링이라는 스포츠에 독창적인 이론과 사상을 접목시킴으로써 프로 레슬링을 바라보는 색다른 관점을 제안했다.

'프로 레슬링은 서로 짜고 하는 짬짜미다'라고 말하는 사람들에게 그런 주장이 얼마나 얄팍한 것인지 무라마쓰 선생은 날카로운 시각으로 꼬집는다. 즉 당하고 있다는 사실을 알면서도 싸우는 일, 겨루기 자체의 의미를 존중하는 자세가 '프로 레슬링 같은' 것이다.

'프로 레슬링 같다'는 표현은 두루 활용할 수 있는 훌륭한 관점이자 멋진 비유이기도 하다. 예를 들어 "트럼프의 행동은 마치 프로 레슬링 같아요!"라고 말하면, 정확한 의미는 모르더라도 미묘한 뉘앙스는 전달된다. 만약 이 표현을 레슬링에 정통한 사람이 듣고 "트럼프 대통령은 빈스 맥마흔Vince McMahon(1945~)과 실제로 레슬링 경기를 펼친 적이 있대요" 하고 말을 이어나가면, "트럼프는 처음부터 프로 레슬링 선수 같았어요. 그러니 선거 유세에서도 악역 레슬러를 자청했죠" 하는 식으로 이야기를 주고받을 수 있다.

만담처럼, 뻔히 알면서 서로 티격태격 다투는 언쟁도 '프로 레슬링 같다'고 표현할 수 있다. 좀 더 범위를 넓혀서, 아마추어 레슬링과 프로 레슬링을 하나의 대립 개념으로 포착한다면 여러 가지 주제에 응용할 수 있을 것이다.

대학 시절, 다음과 같은 시험문제를 접한 적이 있다.

'지금의(내가 대학생이었을 때) 일본은 대미 무역에서 압도적으로 유리한 위치에 서 있다. 이처럼 미국과 일본의 무역 불균형으로 일본에 대한 비판이 날로 거세지고 있는데, 이 문제를 어떻게 생각하는가?'

나는 답안지에 이렇게 써내려갔다.

'일본은 대미 무역 무대에서 지금까지 아마추어 레슬링으로 대처해왔다. 미국의 우위성을 원천 봉쇄하고 일본에만 유리하도록, 예를 들어 미국에 자동차를 한 대라도 더 팔려고 노력한 반면 미국의 농산물은 적극적으로 수입하지 않는, 불균형 무역을 고집해왔다. 그 덕분에 일본은 압도적인 무역 흑자를 기록했다. 하지만 세계의 무역은 프로 레슬링의 세계다. 즉 쌍방의 우위성을 인정하면서 무역을 진행해야 하는데, 미국과의 무역마찰을 피하기 위해서는 아마추어 레슬링에서 프로 레슬링으로 이행할 시기가 도래한 것이다.'

이 대답에 나는 좋은 점수를 받았던 것으로 기억한다. 추측컨대 '프로'와 '아마추어'라는 대립 구조의 개념을 무역에 응용해서 문제점을 정리한 점이 좋은 평가로 이어졌던 것 같다.

이렇게 머릿속에 입력된 지식을 자신만의 언어로 출력하면 독창적인 정보로 정착된다. 더욱이 정보 교환뿐 아니라 사물을 인식하는 관점도 상대와 나눌 수 있다.

이를테면 한 편의 영화에서 작품이나 배우에 관한 정보는 영화를 이해하는 데 도움이 되겠지만, 검색 지식 외에도 주연배우가 어떤 생각으로 촬영에 임했는지, 배우의 실제 연기와 연기관은 어떻게 다른지 등과 같은 배경지식을 알아두면 정보의 깊이가 한층 더해진다. 〈CUT〉과 같은 영화 전문 잡지를 보면 감독이나 배우의 인터뷰 기사가 실려 있어서 영화를 만든 사람이 직접 밝히는 작품의 매력을 읽을 수 있다.

그렇다고 해서 세상의 모든 지식을 완벽하게 갖추어야 한다는 이야기가 아니다. 다시 말해 정보량의 많고 적음을 문제 삼고 있는 것은 아니라는 뜻이다. 깨알 정보의 습득 자체가 목적이 아닌, 다양한 관점과 시각을 자신의 것으로 소화함으로써 지식이나 정보의 교환을 흥미롭게 즐기는 일이 중요하다.

타인과 비교해서 '내가 더 많이 알아. 난 완벽한 지식인이야!' 하며 과시하는 것이 아니라 다양성을 인정하고 이를 상대방과 공유할 수 있다면 그것이야말로 진정한 교양인의 참모습이 아닐까?

요컨대 누군가에게 보여주기 위한 과시용 지식이 아니라 바로 자신을 위한 참된 지식을 목표로 삼아야 한다. 지나치게 자잘한 정보만 잔뜩 긁어모아놓고 자아도취에 빠지거나, '난 이런 것도 알고 있다고!' 하며 허세를 부리는 것은 단순히 과시욕에 지나지 않는다. 두루두루 인풋하고 끊임없이 아웃풋하는 소통을 기꺼이 즐기면서 참된 지식을 늘려갈 때 비로소 앎의 기쁨을 만끽할 수 있다.

세상만사 모든 것은 돌고 도는 것이 좋다고 나는 생각한다. 피도 잘 돌아야 건강에 좋고, 기운도 그렇고 호흡도 마찬가지다. 같은 맥락에서 지식도 돌고 도는 순환이 중요하다. 인풋한 지식을 아웃풋하고, 또 상대방이 아웃풋해준 지식을 다시 인풋한다. 이렇게 지식이 순환함으로써 앎의 대사 활동이 활발해진다. 입력한 정보를 단단히 정착시키고, 또 새로운 지식을 흡수한다. 이를 원활하게 만드는 것이 바로 의사소통의 매력이다.

익숙한 경험을 세련된 언어로 되살리려면

눈앞에 있는 정보와 자신의 경험을 연결해서 말하면 '나만의' 개성 있는 언어를 만들어낼 수 있다. 이때 필요한 사고법이 아날로지analogy다. 아날로지란 유추 사고로, 도형에 비유하자면 '합동'이 아닌 '닮은꼴'에 해당한다.

한 나라의 경제 상황을 대변하는 각종 통계 수치는 일반인에게 와닿지 않는 부분이 많다. 하지만 국가 경제를 가계로 치환해서 수입이 얼마, 지출이 얼마인데 이 수치로는 가계가 파산한다는 식으로 설명하면 국가 경제를 또렷이 실감할 수 있다. 즉 국가나 세계시장과 같은 거시적인 이야기라도 비율을 살짝 바꿔서 자신의 상황에 맞게 유추하여 생각해보는 것이다. 복잡한 사회 이슈는 자신의 이야기로 바꿔 생각하거나, 설명하기 어려운 문제는 초등학생, 중학생에게 쉽게 전달하는 방법을 고민해보면 정답을 얻을 수 있다.

대학에서 내 수업을 듣는 학생들 중에 표도르 도스토옙스키 Fyodor Dostoevsky(1821~1881)의 장편소설 『죄와 벌』을 중학생의 눈높이에 맞춰 설명하려면 어떻게 해야 하는지를 진지하게 고민한 여학생이 있었다. 그 학생이 생각해낸 것은 소설의 주인공인 라스콜니코프와 독자의 공통점을 알아보기 위한 '라스콜니코프와의 일치도'라는 체크리스트였다. 열 개 정도의 물음에 답하면 질문지의 마지막에서 '당신과 라스콜니코프의 일치도는 △퍼센트입니다' 식으로 결과를 알 수 있다.

1866년에 발표된 『죄와 벌』은 이념을 위해 살인을 저지른 한 젊은이의 사상과 행동, 그리고 심리를 통해 인간의 삶과 고뇌를 예리하게 해부하는 도스토옙스키의 대표작으로, 중학생이 읽기에는 어려운 고전이다. 그러므로 체크리스트의 질문에 하나씩 대답해나가면서 중학생도 좀 더 친숙하게 도스토옙스키의 작품 세계를 맛볼 수 있도록 배려한 셈이다.

이런 아이디어를 다른 현직 교사에게 이야기했더니, 그 교사는 곧바로 세계사 수업에 활용했다. 예를 들어 프랑스 루이 16세의 왕비이자 화려함과 사치의 대명사로 기억되는 마리 앙투아네트 Marie Antoinette(1755~1793)를 소개한다면, '마리 앙투아네트와의 일치도'라는 제목으로 학생들의 호기심을 자극하는 것이다.

'당신은 옷을 사고 또 사도 여전히 새 옷을 사고 싶은가요?', '달달한 초콜릿을 좋아하나요?' 등과 같이 고등학생이 관심을 가질 만한 내용으로 질문지를 채운다. 결과적으로 학생들은 역사 속의 인물이라도 자신의 상황으로 유추해서 충분히 상상하고 이해할 수 있다. '아, 앙투아네트는 옷을 많이 사고 초콜릿을 좋아한 사람이었구나' 하면서 말이다.

세계사 수업을 들은 어떤 고등학생은 앙투아네트와 동시대 인물이자 프랑스 혁명기의 정치가인 로베스피에르 Robespierre(1758~1794)를 소개하며 '로베스피에르와의 일치도'를 알아보는 체크리스트를 직접 만들었는데, 이것이야말로 진정한 배움의 결과물이 아닐까 싶다.

이렇게 자신의 처지나 상황으로 바꿔서 생각해보는 유추 사고
는 새로운 정보를 자신의 것으로 내면화하고, 나아가 익숙한 경
험을 세련된 언어로 되살릴 때 크게 도움이 된다.

직장 생활에서 '애플'의 창업자이자 혁신의 아이콘인 스티브
잡스Steve Jobs(1955~2011)의 성과는 따라잡기 힘들더라도, 잡스의
사고법을 하나의 자극제로 활용해볼 수 있다. 신제품을 구상하는
착상법, 아이디어를 짜내는 방식과 관련하여 자신이 참고할 만한
것을 적극적으로 받아들이는 것이다.

이런 훈련을 거듭함으로써 잡스와 자신의 경험을 연결해서 생
각할 수 있다. 이것이 바로 유추 사고로, 좋은 의미에서 자기 논에
물을 대는 '아전인수'인 셈이다.

어려운 문제를 괴롭다고 느끼는가, 설렌다고 느끼는가

현상학을 주창한 독일의 철학자 에드문트 후설Edmund Husserl
(1859~1938)은, 우리 인간은 '의미'라는 선입견을 갖고 세상을 바라
보려고 하므로 그 선입견을 일단 괄호에 넣고, 이른바 상식을 의
심한 후에 현상 그 자체를 탐구하자고 설법했다.

오스트리아의 정신분석학자이자 심층심리학자인 알프레드 아

들러Alfred Adler(1870~1937)도 인간은 세계에 의미를 부여하고, 그 의미 부여는 개인의 라이프 스타일(사물을 보는 관점이나 태도)에 따른다고 역설했다. 요컨대 우리는 세상을 자기 식으로 '편견'을 갖고 바라본다는 것이다.

이 세계는 누구에게나 동일하지 않고 각자 주관에 따라 보는 방법과 느끼는 방법이 달라진다. 공통된 세계가 존재하는 것이 아니라 사람 수만큼의 세계가 존재한다고 말해도 무방하다. 커다란 나무가 있다고 가정할 때, 인간이 바라보는 나무와 새가 바라보는 나무의 의미가 다르다는 사실과 일맥상통하는 이야기다.

이를테면 인생에서 장애물을 만났다고 하자. 그 장애물 자체는 분명 힘들고 괴로울지 몰라도 그 고통을 어떻게 바라보느냐, 그 문제를 어떤 식으로 받아들이느냐에 따라 대처 방법은 백팔십도 달라질 수 있다.

일본인 최초로 노벨 물리학상을 받은 이론물리학자 유카와 히데키湯川秀樹(1907~1981) 박사는 어려운 수학 문제를 만나면 무척이나 설레고 행복감을 느낀다고 했다. 쉽게 풀리는 문제는 흥미롭지 않다. 머리에서 쥐가 날 만큼 난해하고 어렵기에 기꺼이 도전해볼 만하다는 점에서, 유카와 박사에게 난제는 보람이자 기쁨이었던 것이다.

마찬가지로 일본 장기의 살아 있는 전설인 하부 요시하루羽生善治(1970~) 기사도 초등학교 때부터 어려운 장기에 몰두했다고 한다. 어려우니까 시간이 많이 걸린다. 하지만 좀처럼 풀리지 않는 과제에 도전하는 일 자체가 매우 즐거웠다고 고백한다.

흔히 극복하기 어렵다고 생각하는 장애물을 유카와 박사도, 하부 기사도 가슴 설레고 즐거운 일로 '변형'해서 바라보았다. 받아들이는 쪽이 긍정적이고 적극적이기에 힘겨운 과제를 차근차근 해결하고 실력을 높이는 에너지는 가속도를 내며 축적될 수 있었다.

그들처럼 난제를 능숙하게 변형할 수 있다면 획득하기 어려운 정보나 지식이라도 머릿속에 수월하게 정착시키고 살아 있는 정보로 아웃풋할 수 있다.

이처럼 상황의 의미나 정보의 의미는 정보나 상황을 받아들이는 사람의 '마음가짐'에 따라 달라진다.

정보에도 '끌어당김의 법칙'이 있다

지금까지 외부의 정보를 자신의 상황에 맞게 닮은꼴로 치환해서 받아들이거나 변형해서 흡수하는 인풋의 방법을 소개했다. 여기에 하나 더 추가하자면, 관심 분야를 좀 더 확장시켜서 개인의 관심사와 정보의 접점을 주체적으로 넓혀가는 인풋 방법도 매우 효율적이다.

일본 근대화의 아버지로 손꼽히는 후쿠자와 유키치福沢諭吉 (1835~1901)는 나라를 생각하지 않는 사람은 성실하지 못한 자라고 역설했는데, 후쿠자와뿐 아니라 메이지明治 시대를 살았던 학생들은 자발적으로 나라를 걱정하고 나라의 앞날을 논했다. 그도 그럴 것이 당시는 근대화, 서구화의 파도가 밀려오고 국가 전체가 요동치는 시대였으므로 장차 나라를 짊어질 학생들이 나라를 생각한다는 것은 어쩌면 당연한 일인지도 모른다. 앞으로 어떤 학문이 국가에 필요한지, 어떤 정부 형태가 도움이 되는지, 헌법은, 국회는…… 하는 식으로 학생 개인의 흥미와 관심사는 더 넓은 세상을 향해 크게 펼쳐졌던 것이다.

관심 분야가 넓고 깊어지다가 마침내 그 관심사와 관련하여 무슨 일이 생기면 아주 사소한 뉴스라도 솔깃해지게 마련이다. 게다가 개인사에서 세계의 동향까지 관심 분야가 두루 뻗어나가기 때문에 더 쉽고 편리하게 머릿속에 정보를 입력할 수 있다.

예컨대 해외여행에서 돌아오면 여행을 다녔던 나라의 뉴스가 귀에 쏙쏙 들어올 때가 많다. 이전에는 전혀 관심이 없었는데 그 나라를 방문했다는 이유만으로 나라 이름이 친숙하게 다가오고,

뉴스나 신문에서 그 나라 소식을 들으면 마치 이웃을 만난 것처럼 반갑게 느껴지기까지 한다. 이는 자신의 관심 분야가 넓어지고, 그 결과 정보의 접점이 그만큼 늘어났다는 뜻이다.

일본의 코미디언 겸 영화감독인 기타노 다케시北野武(1947~)가 들려준 이야기인데, 그의 머릿속에 새롭고 유익한 정보가 입력되는 순간, 관련 정보가 마치 고구마 줄기처럼 줄줄이 얼굴을 내민다고 한다. 그 정보가 입력되기 전에는 전혀 흥미 없고 연관성도 없던 지식들이 갑자기 하나로 모인다는 것이다.

아마도 해당 정보는 이미 오래전부터 그 사람 주위에 존재하고 있었을 테지만, 의식하지 않았기 때문에 보고도 놓쳤을 것이다. 하지만 관련 정보에 스위치가 켜지자 주위에 있던 지식이나 정보가 여기저기에서 몰려오지 않았을까. 이때 스위치가 켜졌다는 자각이 매우 중요하다. 자각한 순간, 강력한 흡인력으로 흩어져 있던 정보를 쫙쫙 끌어당길 수 있기 때문이다.

볼 때마다 참신한 매력을 풍기는 사람은 늘 새로운 이야깃거리로 주위의 시선을 끌어당긴다. 이처럼 왠지 끌리는 사람은 우연히 알게 된 정보라도 스스로 강하게 끌어당기기 때문에 지식이 날로 달로 늘어나게 된다.

만약 정보를 더 깊이 내면화시키고 싶다면 마치 자신의 일인 것처럼 정보를 입력해보자. 요컨대 정보를 공감하면서 받아들이면 '나만의 것'으로 확실히 정착시킬 수 있다.

영국의 경제학자이자 도덕철학자인 애덤 스미스 Adam Smith (1723~1790)는 『도덕감정론』이라는 책에서 인간의 공감 원리를 서술하고 있는데, 공감 능력이야말로 인간다움이 아닐까 싶다.

요즘 텔레비전이나 인터넷에서 동물 학대와 관련된 안타까운 뉴스를 심심찮게 접할 수 있다. 강아지, 고양이는 물론이고 여러 동물들의 심신에 고통을 가하는 끔찍한 행위가 보는 이로 하여금 가슴을 아프게 한다. 만약 강아지를 좋아하거나 강아지를 키우는 사람이라면 더더욱 마음이 불편할 것이다. 뉴스에 공감한 사람이 다른 사람에게 동물 학대 사건을 전달한다면 자신이 느낀 슬픔, 분노 등의 감정을 오롯이 담아서 말하기 때문에 그 사람의 언어에는 분명 강렬한 감정이 흐르게 된다.

감정을 실은 이야기는, 주관적인 감정을 배제하고 객관적인 사실만 전달하는 것보다 듣는 사람의 마음에 깊이 새겨진다. 이는 '그렇고 그런' 뉴스 가운데 하나가 아니라 그 사람의 마음을 뒤흔든 뉴스이자 그 사람만의 살아 있는 정보이기 때문이다.

정보에는 감정이 없다. 하지만 정보에 감정이 실리면 그 사람만의 독창적인 것이 될 수 있다. 더욱이 정보를 용솟음치는 감정과 함께 아웃풋하면 상대방과 정보 이상의 유대감을 맺게 될지도 모른다.

화제가 되는 지식이나 정보를 자신의 경험이나 문제의식과 연결 지어서 포착하고 주관적인 감성을 곁들여서 받아들인다. 이렇게 창의적으로 입력된 정보를 출력할 때 비로소 자신의 생각과 주장이 당당하게 언어로 드러날 수 있다는 점을 똑똑히 기억해두자.

회의의 핵심은 이미지를 공유할 수 있는 '말'

자신의 생각을 구체적인 언어로 표현하는 자리에서 상대가 공감할 만한 언어를 구사한다면 원활한 의사소통이 이루어질 수 있다.

그렇다면 어떻게 해야 상대방의 공감을 끌어낼 수 있을까? 정보라는 사실만 전달하다 보면 공감대를 형성하기 어렵다. 사람은 사실에 공감하는 것이 아니라 감정에 공감하기 때문에 자신이 그 사실에 어떻게 의미를 부여하고 있으며, 어떤 감정을 갖고 있는지를 확실히 전달할 때 서로 통하는 대화가 성립될 수 있다.

앞서 소개한 예로 설명하자면, 단순히 '동물 학대'라는 단어만으로는 공감을 얻기 어렵다. '인간에게 학대당하는 강아지를 생각하면 가슴이 아프다'는 감정에 많은 사람들이 고개를 끄덕이는 것이다.

이때 상대를 이해시키기 위해서는 이미지를 서로 공유하는 일이 중요하다. 이미지란 뇌에 떠오른 영상으로, 머릿속에 펼쳐진 영상을 공유할 때 '맞아, 맞아!' 하며 맞장구를 칠 수 있다. 따라서 무엇인가 전달하고 싶은 내용이 있을 때, 이해를 구하고 싶을 때는 상대방과 이미지를 공유할 수 있는 대화법을 진지하게 모색해야 한다.

나도 방송 프로그램의 자문 역할을 맡고 있는 덕에 프로그램을 만드는 쪽에서 생각할 때가 많은데, 기획 아이디어가 떠오르는 순간 '이런 이미지랍니다!'라는 식으로 관계자들에게 설명하면 이야기가 술술 진행된다.

예컨대 "중학생이 농구장에서 슛을 날리면서 한마디씩 말하는 장면은 어때요?"라고 이미지를 콕 찍어서 전달하면 "아, 알겠습니다. 바로 그림이 그려지네요"라며 곧바로 이해하는 식이다.

책을 집필할 때도 책의 방향성을 구체적인 이미지로 표현해서 편집자와 끊임없이 공유하고 함께 수정해나간다. '이런 크기로, 이런 느낌의 표지로, 이런 내용으로' 하며 집필 단계부터 완성될 책을 머릿속에 그려가면서 작업을 진행하는 것이다.

영상 이미지를 상대방과 공유할 수 있도록 언어를 전달하고,

반대로 상대가 발신하는 이미지를 과부족 없이 받아들이는, 발신과 수신의 능력을 모두 갖추고 있다면 단연코 업무의 생산성은 쑥쑥 올라간다. 하지만 주위를 둘러보면 이러한 발신과 수신의 능력을 두루 겸비한 사람이 많지 않은 것 같다. 그 원인은 대개 언어를 이미지로 나타내는 일이 익숙하지 않다는 점에서 찾을 수 있는데, 이미지로 표현하는 능력이 부족한 사람일수록 '그런 거 전혀 의미가 없어, 너무 어려워!' 하며 지레 겁을 먹거나 삐딱한 자세를 취한다.

회의에서 아이디어가 선택되고 안 되고의 문제는 제쳐두더라도, 우선은 당면 과제를 이미지로 전환할 수 있느냐가 으뜸 목표로 선행되어야 한다. 먼저 회의에 참석한 모든 사람이 이미지를 서로 공유한 다음 '이 아이디어는 너무 앞서간다'거나 '주제와 맞지 않는다'는 식으로 기획의 의미를 논의한다면 회의 진행은 훨씬 빨라진다. 하지만 아무것도 서로 공유하지 않은 상태에서 아이디어의 좋고 나쁨을 판단하려 들면 그것이야말로 의미 없는 일이다.

애초부터 기획을 실현하고자 하는 공감대를 형성하지 못한 사람이 회의실에서 자꾸 딴지만 놓는 법이다. 새로운 아이디어가 열 개 나왔다면 그중에서 아홉 개는 폐기되기 때문에 어떻게든 하나라도 제대로 실현하고자 노력하는 것이 바로 추진력으로 이어진다.

물론 본인은 딴지 걸기가 아닌, 현실적인 주장을 펼치려는 의도에서 반대하는지도 모르지만 타인의 아이디어를 부정만 하고 대안조차 제시하지 않는다면 마음을 열고 힘을 모아 일을 추진할 수 없다. 안타깝게도 회의실에서 보면 직함이 높은 사람일수록 귀를 막고 있는 사례가 많은 것 같다.

　발신하는 언어나 표현을 갈고닦는 일은 물론 중요하지만, 상대방의 이야기를 이해하고 공감하는 수신 기능을 향상시키는 일도 발신 능력과 마찬가지로 꼭 필요하다. 수신기의 성능이 나쁠 때는 발신기의 작동도 제 기능을 다하지 못하기 때문이다.

　요컨대 수신 기능이 원활하지 않으면 남의 이야기를 듣고 공감하거나 혹은 공감할 수 없다고 의견을 발신하는 일조차 불가능해진다. 이렇듯 수신과 발신은 연결되어 있는 것이다.

　더 나은 발신을 위해서는 우선 정확하게 수신할 수 있어야 한다. 수신기의 성능을 확인하는 방법은 상대가 추상적인 이야기를 할 때, '바로 그건 구체적으로 말하면 이런 말씀이신 거지요?' 하고 말할 수 있느냐 없느냐로 가늠할 수 있다. 반대로 상대방이 구체적으로 묘사할 때는, '그렇다는 건 바로 이런 이야기라는 거죠?' 하며 한마디로 추상화할 수 있어야 한다.

　예를 들어 "액티브 시니어라는 말, 요즘 매스컴에 자주 나오네요" 하고 누군가가 말했다면, "그러게요, 대규모 미술전이 있으면

전시장에서 꼬리에 꼬리를 문 시니어의 행렬을 쉽게 접할 수 있어요"와 같이 구체적인 사례로 맞장구치는 것이다.

이처럼 구체화와 추상화를 자유자재로 구사할 수 있는 사람이라면 수신기의 성능이 탁월하다고 말할 수 있다.

어느 기업체 회의에 참석할 기회가 있었는데, 그 자리에서 아이디어는 훌륭했지만 그 아이디어를 언어로 표현하지 못하는 눌변가를 만났다. 기획안을 듣고 있는 사람들도 흥미로운 기획이라고 생각했지만 발표자의 언어가 어눌하다 보니, 선뜻 좋다거나 나쁘다고 판단하지 못한 채 머뭇거리고 있는 상황이었다.

그때 그 발표자와 오랫동안 함께 일해온 동료가 "그러니까 이 기획은……" 하며 모든 내용을 친절하게 요약 정리해주었다. 그 달변가는 부족한 언어를 보충하면서 조리 있게 설명하고, 해당 기획의 의의와 장점을 명료하게 전달해주었던 것이다. 덕분에 그 회의에 참석한 모든 사람이 '아하, 그런 아이디어였구나!'라고 공감하게 되었고, "그럼 꼭 추진해봅시다!"라는 결론에 이를 수 있었다.

친절한 설명으로 발표자를 도와준 동료는 수신기와 발신기의 성능을 두루 갖춘 진정한 능력자였다. 아이디어를 처음 기획한 사람의 마음을 헤아려서 정확하게 통역해주었기에 아이디어도 빛이 났고, 주위에도 도움이 되었다. 이런 사람은 언제 어디서나

보석 같은 존재로 대접받게 마련이다.

상대가 말하고 싶어 하는 바를 정확하게 읽어내고 그 사람의 의중에 맞게 이미지를 만들어내면서, 동시에 그 이미지를 제삼자가 이해할 수 있는 언어로 변환시키는 일은 멀티 플레이어와 같은 고도의 능력을 필요로 하지만 꼭 배우고 싶은 대화의 기술이다.

공감 능력이 뛰어난 사람은 이미지를 빨리 공유하고 수신기의 성능도 탁월하다. 추상적인 내용을 구체화하고, 구체적인 내용을 추상화하는 데도 능숙해서 '이건 그런 말이군요' 하며 명쾌하게 정리할 수 있다.

요컨대 제대로 수신하면 대답하는 능력과 반응 능력이 저절로 발달해서 발신 능력도 향상된다.

개인의 역량으로 통하는 코멘트의 힘

지금까지 소개한 실천 아웃풋을 정리하면 코멘트의 힘으로 집약될 수 있다. 독창적인 생각을 언어로 표현하는 일이 바로 '코멘트 구사력'인 셈이다.

현대사회에서는 코멘트 구사력이 개성의 상징이자 창조성의 발로라고 말할 수 있다. 아무리 정보가 넘쳐도 코멘트가 없으면 알맹이가 없다고 푸대접받기 십상이다.

최신 인기 영화가 화젯거리로 올라왔을 때, 영화의 줄거리나 배우 소개로는 부족하다. 어떤 장면을 재미있게 봤는지, 그 이유는 무엇인지 막힘없이 이야기할 수 있을 때 비로소 의미 있는 '코멘트'가 성립되는 것이다.

단순 정보의 아웃풋과 달리, 코멘트는 말하는 사람이 미리 준비해두지 않으면 쉽사리 출력되지 않는다. 이를테면 감동 깊게 본 영화를 언급, 즉 코멘트를 할 때는 '이 장면과 이 장면' 식으로 인상적인 포인트를 몇 가지 꼽아서 그와 관련해 자신의 느낌을 솔직하게 밝힌다. '이 장면의 요 대사에서 눈물이 주르르 흘렀다'라든지 '이 장면에서 인물의 감정을 요렇게 묘사한 점에 별점 다섯 개를 주고 싶다'는 식으로 객관적인 정보에서 한 걸음 더 나아가 자신만의 편집 과정을 거쳐야 제대로 된 코멘트가 출력될 수 있다.

반면에 전체 감상을 뭉뚱그려 말하는 것은 바람직하지 못한 코멘트다. '멋진 영화였다', '가슴이 따뜻해지는 영화였다', '감동적이었다'는 감상평은 전혀 독창적인 코멘트라고 할 수 없다. 전체적인 감상을 한마디로 요약해도 좋지만, 감상평 뒤에는 내밀한 코멘트를 반드시 덧붙여야 한다.

코멘트는 개인의 관점이나 견해를 제시한다는 점에서 그 의미를 찾을 수 있다. 같은 영화를 보더라도 타인과 다른 코멘트를 밝힐 수 있다면 '창의적인 사람'으로 돋보인다. 수많은 정보가 넘쳐나는 오늘날에는 창조적인 의견을 제시할 수 있는 사람이야말로 그 가치를 인정받을 수 있기 때문이다.

나는 인터넷 사이트에 올라오는 각종 리뷰를 즐겨 보는 편이다. 특히 가전제품이나 비교적 고가의 제품을 구입하기 전에는 반드시 상품평을 확인한다. 그때마다 많은 사람들의 꼼꼼한 사용후기와 예리한 코멘트에 감탄하는데, 제품을 정확하게 평가한다는 목적을 달성하기 위해 대동단결하고 있다는 느낌이다.

개중에는 인상적인 코멘트를 남기는 사람이 있다. 글을 쓰는 전업 작가처럼, 상품의 장점과 단점을 유려한 언어로 써내려간 코멘트를 읽을 때는 '우와' 하는 감탄사가 절로 나온다.

다양한 분야의 리뷰나 인터넷 댓글을 읽고 있자면, '이런 것에 대해 요렇게 생각하는 사람도 있구나!' 하며 세상사를 실감할 수 있다. 게다가 뉴스나 신문에 소개된 사실 위주의 정보와 달리, 가치관이 다른 남녀노소의 생생한 목소리를 실시간으로 들을 수 있다는 점에서 훌륭한 참고 자료가 된다.

최근에는 SNS 문화의 발달로 코멘트의 가치가 점점 더 높아지고 있다. SNS에서 '좋아요' 코멘트를 받기 위해 예쁜 사진을 찍어서 올리는 사람이 늘어나는 것도 같은 맥락에서 이해할 수 있을 것이다.

코멘트의 중요성이 부각되는 사회이기에 사람들의 코멘트 구사력이 쑥쑥 올라가고 있는 것도 사실이다. 실제로 방송에 출연하는 전문 평론가보다 더 훌륭한 일반인 '코멘테이터commentator'를 심심찮게 만날 수 있으니 말이다.

어떤 상황에서도 코멘트 구사력은 개인의 역량으로 통하기 때문에 자신만의 견해나 관점을 확고히 갖출 수 있도록 여러모로 노력해야 하는 시대다.

제2장

바로 써먹을 수 있는
'안성맞춤
대화의
기술'

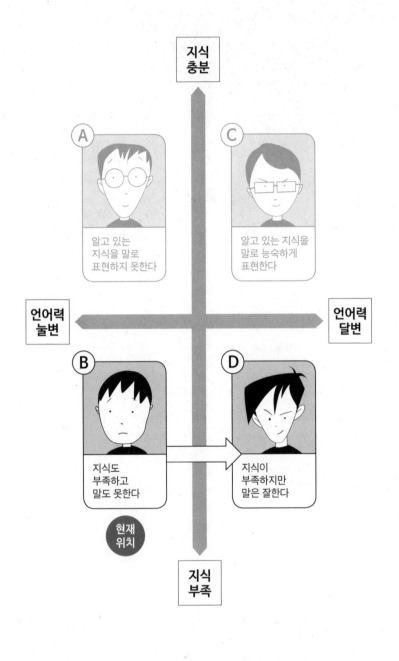

잘 모르는 분야가 화젯거리로 올랐을 때

제2장에서는 '지식도 부족하고 말도 못하는 사람'(B)이 '지식이 부족하지만 말은 잘하는 사람'(D)으로 발전하는 방법을 이야기하려 한다.

서장에서도 언급했지만, '지식과 언어의 매트릭스' 그림에서 A·B·C·D 네 구역 중 어디에 위치하느냐는 고정된 것이 아니다.

아무리 지식이 풍부한 사람이라도 잘 모르는 분야는 있게 마련이다. 전문 지식은 꿰뚫고 있지만 잡학에는 약한 사람도 있다. 고백컨대 나도 자신 없는 분야가 수두룩하지만, 그중에서 최근 유행하는 인기 가요 이야기라면 더더욱 주눅이 든다.

어쩌면 백과사전을 처음부터 끝까지 달달 외우면 모든 분야에 척척 대답할 수 있을지도 모르지만, 이를 실천할 수 있는 사람은 없을 것이다. 물론 에디슨은 예외였지만 말이다. 미국의 천재 발명가 토머스 에디슨Thomas Edison(1847~1931)은 브리태니커 백과사전을 통째로 외우고 다녔다고 한다.

지식을 늘리고 지식의 폭을 넓히는 노력은 매우 훌륭한 일이다. 현대인이라면 누구나 '교양'이라는 단어에 관심을 갖고 있으며, 이런 사람들의 관심사를 반영하듯 세상의 모든 지식을 설명한 책도 인기를 끌고 있다. 하지만 누구나 에디슨이 될 수 있는 것은 아니며, 또 될 필요도 없다. 모든 분야의 지식을 완벽하게 갖추려면 엄청난 시간이 필요하고 현실적으로 실현하기도 쉽지 않다.

흔히 '똑똑하다'고 불리는 지적 능력은 상황이나 주제에 따라 달라진다. 요컨대 지식이 있느냐 없느냐는 매우 유동적이라는 것이다.

그렇다면 유동적이지 않은, 보편적인 능력이란 무엇일까? 바로 그때그때 적절하게 대처하는 '안성맞춤 대화의 기술'이다. 모르는 것, 자신 없는 분야가 화제에 오르더라도 막힘없이 이야기를 이어나가는 것이다. 이것이야말로 지식과 정보가 넘쳐나는 현대사회에서 우리가 갖추어야 할 참된 능력이 아닐까.

나는 평론가, 혹은 해설자로 방송에 출연할 때가 있다. 그렇기에 다른 코멘테이터들이 어떻게 말하는지 항상 관심 있게 지켜본다.

텔레비전의 정보 프로그램에서 다루는 분야는 정치, 경제, 국제 문제, 의료, 범죄, 예능, 스포츠, 교육, 예술 등 범위가 매우 넓다. 따라서 해설자로 방송 출연을 의뢰받았을 경우 특정 분야의 전문가라는 위치에서 코멘트를 해야 할 때도 있고, 전체적인 분야를 아우르는 코멘트를 준비해야 할 때도 있다.

이 가운데 자신의 전문 분야 이야기를 마치면, 방송이 끝날 때까지 입도 벙긋하지 않고 가만히 자리만 지키고 있는 코멘테이터가 있다. 단지 전문 지식의 소개로 해설자 역할을 충분히 수행했다고 말할 수도 있겠지만, 방송을 보고 있는 시청자로서는 그저 어색할 따름이다.

실제로 있었던 일을 소개하자면, 의학 지식을 토대로 당면한 의료 문제를 설득력 있게 파헤치던 전문의였지만 그다음 국제정치 이야기로 화제가 넘어가자마자 매우 불편한 표정으로 좌불안석하던 코멘테이터를 우연히 접한 적이 있다.

대개 자신의 전문 논평을 마친 뒤에는 '감사합니다!' 하고 자리에서 일어나게 마련인데, 프로그램 진행 과정상 방송이 끝날 때까지 그 의사는 자리를 지켜야만 했던 것 같다.

마침내 어색한 분위기를 감지한 진행자가 "박사님은 이 문제

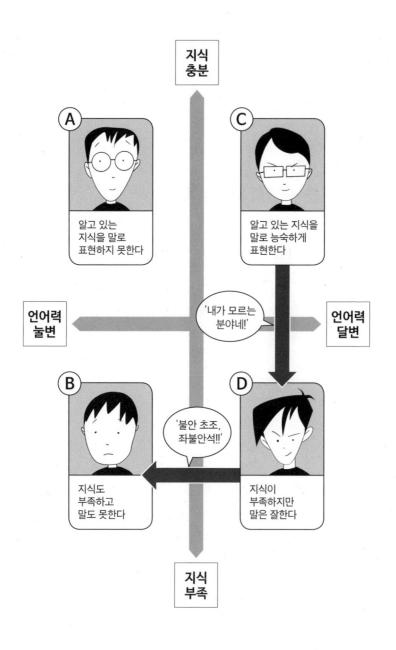

를 어떻게 생각하시나요?" 하고 뻘쭘하게 앉아 있는 의사에게 질문을 던졌다. 그러자 의사는 나름 열심히 코멘트를 하려고 애썼다. 하지만 이미 국제정치 전문가가 일목요연하게 해설을 마친 뒤라서 그 분야의 전문가가 아닌 사람이 말할 수 있는 내용은 그렇게 많지 않았다.

무척 난처한 상황이었지만, 그 의사는 화제가 바뀌기 전까지 전문가의 시각으로 당당하게 말했던 터라, 가볍게 코멘트를 해서는 안 된다고 생각했던 것 같다. 아주 열심히 전문가인 척 말했지만 안타깝게도 부족한 지식으로는 이야기를 술술 풀어나갈 수 없었다. 그때 그 자리의 불편한 분위기가 화면을 통해 고스란히 전해져서 보는 사람도 굉장히 거북했던 기억이 지금도 생생하다.

그 의사는 의료 문제에 관한 한 '최고의 이상향'인 C에 있었지만, 국제정치 문제가 화젯거리로 올랐을 때는 D로 내려갔고, 급기야 '노력 필요 구역'인 B로 떨어져버렸던 것이다.

부드럽게 이어나가면서 자신의 무대로 끌어당긴다

바로 이때, 즉 잘 모르는 분야가 화젯거리로 올랐을 때 필요한 것이 센스 있게 대처하는 '안성맞춤 대화의 기술'이다.

의사가 국제정치 분야의 전문가는 아니라는 사실을 누구나 알고 있다. 따라서 애써 지식이 있는 척 보이려고 (하다가 실패)하기보다 우선 무난한 대답으로 부드럽게 대화를 이어나가는 것이다. 신문 사설을 읽고 한 줄 평을 말한다는 느낌으로 '나는 이 문제를 이렇게 생각한다'고 간단하게 코멘트를 하면 충분하다.

예를 들어 일본이 러시아와 영토 분쟁을 겪고 있는 쿠릴 열도, 즉 북방 영토 문제라면 이렇게 감상을 밝히는 것이다.

"만약 북방 영토가 일본으로 반환된다면 그 섬에 사는 일본인은 일본으로 돌아올 수 있겠지요. 하지만 러시아인은 하루아침에 나라를 잃고 맙니다. 어느 한쪽이 해결되면 또 다른 쪽에 문제가 생길 수 있다는 점을 진중하게 생각해야겠지요."

전문가의 시각을 담은 논평은 아니지만 주제에 적합한 의견임에는 분명하다. 요컨대 우선 발 빠르게 대처하는 것이 으뜸 과제다. 이처럼 임기응변의 기지를 발휘한다면 적어도 부족하다는 인상은 주지 않는다.

더 나아가 그때그때 재치 있게 대답한 다음, 화제를 자신의 전문 분야로 자연스럽게 끌어오면 대화의 기술은 한 단계 업그레이드된다. 앞의 사례에서 의사는 다음과 같이 건강이나 의료 분야로 이야기를 이어나갈 수 있다.

"북방 영토 문제를 해결하기 위해서는 풀어야 할 과제가 산더

미 같지만, 일본의 첨단 의료 기술과 병원 경영을 적극적으로 활용한다면 문제 해결에 실질적인 도움을 줄지도 모릅니다. 아무래도 의료 분야라면 일본이 좀 더 우위에 설 수 있을 테니까요.”

자신 없는 분야라도 융통성을 발휘해서 적절하게 대답하고, 자신 있는 전문가의 논평을 곁들이는 것이다. 이와 같은 흐름을 정리하자면 '본문 68쪽 그림'에서 B→D가 되고, 무사히 C까지 안착할 수 있다.

전문가들 중에는 질문 내용과 상관없이 자신의 전문 분야만 주야장천 늘어놓는 사람이 있다. 의견을 말할 때 대화의 주제를 전혀 고려하지 않은 채, 무조건 자신이 알고 있는 전문 지식으로 돌진하는 것이다.

하지만 상대방의 질문에 성의껏 대답하는 것이 의사소통의 기본 원칙이다. 북방 영토 문제와 관련하여 견해를 묻는 자리에서 다짜고짜로 의료나 병원 이야기를 끄집어낸다면 '불통'으로 비치기 십상이다.

그렇다고 “난 전혀 몰라요” 하는 식의 부정적인 대답도 정답은 아닐 것이다. 어떤 대화라도 '몰라요' 하고 대답하는 순간, 이야기가 곧바로 끊어지기 때문이다. 따라서 그때그때 형편에 맞게 대처하는 '안성맞춤 대화의 기술'은 반드시 필요하다.

우선은 상대방의 이야기에 귀를 기울이면서 대화를 이어나가고 자신의 무대로 끌어당기는, 관점을 바꾸는 코멘트는 임기응변 이후라는 점을 잊지 말자.

몰라도 분위기 띄우는 방법은 있다

대화의 장에서 반드시 갖추어야 할 임기응변의 자세를 꼽는다면, '어쨌든' 대화의 흐름을 깨지 않겠다는 마음가짐이다. 화제가 되는 내용을 잘 모른다는 이유로, 지루한 표정을 짓거나 전혀 관심 없는 반응을 보이는 태도는 피해야 한다. 모르면 모르는 대로 분위기를 이어나가는 노력이 필요하다.

예를 들어 요즘 한창 유행하는 뉴스거리를 이야기하고 있는데, '나'만 모른다고 가정해보자. 이런 난처한 상황에서는 "난 처음 듣는 얘기인데, 그게 뭐예요?" 하고 솔직하게 묻는 것이 가장 무난하면서도 적절한 임기응변이다.

가을이 되면 패션지에 심심찮게 등장하는 '코디건'이라는 단어가 있다. 잡지나 인터넷 광고 등에서 '코디건'을 접한 적은 있지만, 구체적으로 무엇을 지칭하는지 정확히 모른다면 우선은 솔직하게 물어보는 것이다.

"잘은 모르지만, 코디건이라면 왠지 요즘 트렌드에 맞는 핫한 단어 같아요. 그런데 코디건이 정확하게 무슨 뜻인가요?"

이렇게 질문하면 상대방은 바로 "코디건은 '코트'와 '카디건'의 합성어죠. 코트보다 가볍고 카디건보다는 보온성이 좋은 외투라고 할까요" 식으로 기꺼이 대답해줄 것이다.

상대의 친절한 설명에 "아하, 요즘 길거리에서 그런 옷차림을 본 적이 있어요" 하고 맞장구치면 "그렇죠, 코트와 카디건의 장점을……" 하며 대화가 술술 흘러간다.

관련 지식이 없다는 것은 부정할 수 없는 사실, 이를 숨길 수 없는 상황이라면 오히려 모른다고 터놓고 말한다. 다만 화젯거리에 관심을 갖고 있다는 자세로 대화에 임해야 한다. '모르니까 알고 싶다'고 이야기를 발전시켜나가는 것이다.

'내가 잘 모르는 화제는 싫어, 재미없어!' 하며 부정적인 태도로 일관하면 그 순간부터 대화는 뚝 끊어진다. 적어도 대화의 자리에서 분위기를 깨지 않으려면, 잘 모르지만 알고 싶다는 긍정적인 태도를 보이는 것이 중요하다.

"전혀 몰랐는데 요즘 대세군요. 그런데 왜 다들 그렇게 좋아할까요? 진짜 궁금해요" 하며 순수하게 호기심을 표현할 줄 아는 사람은, 몰라도 충분히 분위기를 띄우는 센스쟁이다. 요컨대 잘 몰라도 그때그때 흥겹게 대화를 할 수 있다.

물론 대화의 주제에 따라서는 마냥 모른다고 고백할 수 없는,

당연히 다들 알고 있다는 가정하에 이야기를 나누는 상황도 있을 것이다.

최신 인기 영화를 봤냐고 누군가가 물을 때는 "아하, 아직 못 봤는데요"라고 대답하면 그만이지만, 세상이 떠들썩할 만한 뉴스거리, 예컨대 영국이 유럽연합EU을 탈퇴한다는 빅뉴스라면 어엿한 사회인으로 '잘 모르는데요' 하고 얼렁뚱땅 넘어가기는 힘들다.

이처럼 모른다고 밝히기 망설여지는 문제를 미처 몰랐을 때는 자신에게 마이크가 오기 전에 상대방의 이야기를 충분히 귀담아 들으면서 바로바로 키워드를 포착한다. 키워드를 잡아내면 적어도 대화의 분위기를 깨지 않을 수 있다.

위의 사례에서는 "요즘 뉴스에서 자주 등장하는 유럽연합 문제 말이지요" 하며 일단 말문을 떼고, "뭔가 세상이 크게 변하고 있는 것 같아요" 식으로 가볍게 이어나가면서 상대방에게 말할 기회를 자연스럽게 넘기는 것이다.

그러면 상대가 자세히 설명해줄 테고, 그 설명에 고개를 끄덕이면서 경청하면 된다. 대체로 해당 화제를 끄집어낸 사람은 관련 주제에 대해 말하고 싶어 하기 때문에, 그 사람이 신나게 이야기할 수 있게끔 명석을 깔아주면 '잘 몰라도' 화기애애하게 대화를 할 수 있다.

'몰라요'는 대화 거부로 비친다

대화의 장에서 피해야 할 상황을 꼽는다면, 분위기를 썰렁하게 침묵시키는 일이다.

"난 그거, 잘 몰라요" 하고 입을 닫아버리면 아무리 말 잘하는 상대라도 대화를 어떻게 이어나가야 할지 난감해진다.

"그럼, 혹시 길거리에서 무릎까지 내려오는 긴 카디건 입은 사람을 본 적 없으세요?" 하고 상대방이 어렵사리 이야기를 이어가더라도 "아뇨, 본 적 없어요" 하고 거듭 고개를 가로젓는다면, 상대에게 '코디건 이야기는 더 이상 하고 싶지 않아!'라는 메시지를 보내는 셈이다.

대체로 우리는 누군가와 이야기를 나눌 때 대화의 분위기를 살피면서 상대방이 꺼리는 이야기는 피하려고 한다. 그도 그럴 것이 싫어하는 화제를 되풀이하다가 상대방과의 관계를 악화시킬 수 있기 때문이다.

반면 당사자는 모른다는 사실만 전달했을 뿐인데 상대방은 '나랑 이야기하고 싶지 않구나!' 하고 엉뚱하게 오해한다면, 더군다나 그런 이유로 인간관계가 삐걱댄다면 이보다 안타까운 일도 없을 것이다. 따라서 '모른다'는 말 뒤에 침묵으로 일관하는 일은 대화에서 매우 위험한 상황임을 인식해야 한다. 몰라도 최소한 관심을 갖고 있다는 의사 표현을 분명히 해주면 대화가 끊어지지 않는다.

만약 "잘 모르는데요"라는 대답 뒤에 이어질 말이 퍼뜩 생각나지 않을 때는 "아, 뭐지? 뭐더라? 그게 뭐예요?" 하고 세 번이나 물음표를 던지면 무난하게 위기를 모면할 수 있다. 이 정도로 관심을 표현하면 상대방이 알아서 대화를 이어줄 것이다.

실제 경험담을 소개하자면, 학생들과 함께하는 자리에서 최신 록 밴드 이야기가 나왔는데 처음에는 전혀 무슨 내용인지 알지 못했다. 노래가 좋다는 이야기를 주고받기에 "요즘 핫한 밴드인가요?" 하며 물음표를 던지면서 "대표곡은 뭐예요? 밴드 구성원은 어떻게 되나요? 노래 좀 들려줘요" 하고 적극적으로 관심을 보이자 "요즘 광고에도 나오는 음악인데요……", "3인조 록 밴드로 실연당했을 때 들으면 '딱'이에요" 하며 여러 학생들이 번갈아가면서 들뜬 목소리로 소개해주었다.

10대나 20대 사이에서 유행하는 관심사는 잘 모르는 경우가 훨씬 많다. 이처럼 낯선 단어가 나오면 '그게 뭐예요?' 하며 젊은 이들에게 배우면 된다. 어떤 화제라도 알아두면 득이 될지언정 손해는 보지 않는다. 게다가 잡학 지식은 여러모로 요긴하게 써먹을 수도 있다. 실제로 나는 '그게 뭐예요?' 하는 물음표 작전으로 학생들에게 참신한 정보를 얻고 있다.

‘그게 뭐예요?’에 한마디 덧붙인다면, ‘그게 뭐예요? 같이 들어봐요’, ‘그게 뭐예요? 같이 찾아봐요’ 식으로 공감과 행동을 더하는 것이다.

요즘은 스마트폰으로 세상의 모든 지식을 즉석에서 검색할 수 있다. 영상이나 음악을 바로바로 찾을 수도 있다. 이때 ‘나중에 찾아볼게’가 아니라 ‘지금 같이 찾아보자’는 것이 포인트다. 이렇게 함께 보거나 함께 들으면서 이야기꽃을 피울 수 있다. 요컨대 ‘안성맞춤 대화의 기술’을 적절하게 활용하면 난처한 상황을 무난하게 넘기고, 다시 ‘주거니 받거니’ 하며 술술 대화로 나아갈 수 있을 것이다.

모두를 만족시키는 최고의 질문

질문은 잘 모를 때 던지게 마련인데, 질문법에 따라서는 알고 있다는 느낌을 전할 수도 있다. 대개 강연회의 마지막은 질의응답 시간으로 꾸려지는데, 이때 강연 내용의 포인트를 일목요연하게 정리하고, 한 걸음 더 나아가 다른 청중도 참고할 수 있는 질문을 준비하는 사람을 종종 만나게 된다. 실제 소리 내어 읽기를 강조하는 강연회에서 나는 이런 질문을 들은 적이 있다.

"크게 소리 내어 읽음으로써 그 문장이 자신의 몸에 흘러 들어와서 단어의 에너지가 흡수된다는 말씀을 해주셨는데요. 혹시 힘을 얻고 싶을 때나 용기를 얻고 싶을 때처럼 구체적인 상황에 맞는, 읽기 좋은 문장이 있다면 가르쳐주셨으면 합니다."

이런 질문을 들으면 강사는 강연을 귀담아들어줘서 감사할 테고, 청중은 '맞아, 강연 내용이 그런 거였지. 나도 그 예가 궁금하네!' 하고 고개를 끄덕일 것이다. 질문이라는 형식으로 물었지만 질문자가 스마트하다는 느낌도 충분히 전해진다.

한편 새로운 문제점을 예리하게 지적하는 일도 똑똑한 질문의 사례로 꼽힌다.

"아이들에게 암송 문화를 일깨워주는 교육이 중요하다고 말씀하셨는데요. 그러면 아이들을 가르치는 교사들과 어른들에게 암송 문화를 전파하는 일이 더 시급한 당면 과제로 부각되어야 하지 않을까요?"

상대방의 이야기를 정리한 후, 다음 과제를 제시하는 일은 생산적인 사고로 통한다. 이처럼 냉철한 질문이나 지적도 주위 사람들에게 생각할 거리를 선사한다는 점에서 공헌도가 높은 질문이라고 할 수 있다.

간혹 자신만 알고 싶어 하는 지엽적인 내용을 질문하거나 질문 형식을 빌려 자신의 자랑담을 늘어놓는 사례도 있는데, 이를 미

연에 방지한다는 측면에서 두루두루 만족시키는 질문의 기술을
갈고닦는 공부도 의미 있는 일이 아닐까 싶다.

마스터키가 되는 단어

"이거 어때요? 근사하죠?" 하는 질문을 듣는 순간, 똑 부러지게
답하기 힘들 때가 있다. "으음, 글쎄요" 하고 얼버무린다면 대화
가 중간에 뚝 끊어질 뿐 아니라 성의가 부족하게 느껴지기 십상
이다. 정확하게 따지자면 어디가 어떻게 좋은지 구체적으로 언급
하는 대답이 정답에 가장 가까울 테지만, 타고난 지식인이 아닌
이상 바로바로 코멘트를 하는 일은 누구에게나 버겁게 느껴질 것
이다.

이런 상황에서 "존재감이 확실하네요"는 대화의 마스터키가
될 수 있다. 특히 '존재감'이라는 단어는 어떤 장면에서도 써먹을
수 있는, 그야말로 약방에 감초 같은 표현이다.

예를 들어 상대방이 좋아하는 배우 이야기로 수다를 떨고 있는
장면을 상상해보자. 다만 상대가 소개하는 배우는 주인공이 아닌
조연으로 언젠가 영화에서 본 적이 있지만 대표작은 기억나지 않
고, 연기나 목소리의 특징도 다소 모호해서 이야기를 듣고 있는

자신은 그저 명품 조연으로만 알고 있는 배우였다.

이때 "아, 그 배우는 어떤 역을 맡아도 정말 존재감이 넘치는 것 같아요!" 하고 맞장구친다면, 상대방은 분명 환한 미소를 보여줄 것이다. 적어도 대화의 분위기가 썰렁해지지는 않는다. 게다가 당신의 긍정적인 반응을 들은 상대는 "그렇죠. 얼마 전 무대에 서는……" 하며 이야기를 흥겹게 이어갈 것이다.

요컨대 가벼운 대화가 오가는 자리에서 '어때?'라는 질문을 받았다면, '존재감 있어!'라는 대답이 가장 무난하다. 그도 그럴 것이 누구라도 존재감은 있을 테니까. 다소 과장된 이야기일지언정 틀린 말은 아니다. 더군다나 '존재감'이라는 호응에 상대방은 더 신이 나서 말하고 싶어 할 테니까, 대화의 스킬로도 안성맞춤이다.

얼마 전 잡담 자리에서 한창 떠오르는 걸그룹 이야기를 화젯거리로 삼은 적이 있다. 나는 처음 듣는 아이돌이라서 '누구지? 누구더라? 누구예요?' 하는 물음표 작전으로 물었고, 이야기를 꺼낸 상대방은 그 그룹의 멤버부터 인기곡까지 친절하게 설명해주었다. 스마트폰을 이용해 즉석에서 사진까지 보여주는 상대방을 향해, 나는 "이 친구가 센터인가 보네요. 요즘 말로 존재감이 '뿜뿜' 쏟아져요" 하고 고개를 끄덕이며 맞장구쳤다. 그러자 상대는 달뜬 목소리로 존재감을 거듭 언급하며 이렇게 말을 이어나갔다.

"맞아요. 근데 글쎄 중 3이라고 하더라고요. 센터에 서려면 무엇보다 강렬한 존재감을 어필할 수 있어야 해요."

그 대화 덕분에 나는 핫한 걸그룹을 확실히 알게 되었고 화기애애한 잡담 시간도 즐길 수 있었다.

이렇듯 '존재감'은 누구에게나 쓸 수 있는 만능 단어다. 사람뿐 아니라 물건에도 사용할 수 있다. 유명 화가의 그림을 감상하는 자리에서 '우와, 역시 고흐네요. 존재감이 넘쳐요' 식으로, 아이돌에서 예술 작품까지 두루 활용할 수 있는 마스터키인 셈이다.

더욱이 눈에 도드라지게 띄지 않는, 수수한 존재에도 표현할 수 있다.

"저 사람은 과묵하지만 남다른 존재감이 느껴져요."

"항상 사이드에 있지만 존재감은 정말 확실한 것 같아요!"

"이 만년필, 화려하지는 않지만 강렬한 존재감을 드러내네요."

한편 칭찬할 때 곁들이면 말하는 사람의 품격을 더할 수도 있다.

예를 들어 맛있는 음식을 먹을 때 "이 생선회, 정말 맛있어요", "참치 회 크기가 장난이 아니네요. 대단해요!"라고 말할 수도 있겠지만 조금 남다른 표현을 쓰고 싶은 자리도 있을 것이다. '맛있다', '대단하다'라는 표현이 부적절하거나 분위기를 썰렁하게 만드는 단어는 아니지만, 지나치게 식상한 느낌을 줄 수 있기 때문이다.

이때 "참치 회, 정말 존재감을 제대로 발휘하네요" 하고 덧붙인다면 '맛있다', '대단하다'보다 훨씬 더 구체적이면서도 신선한 인상을 줄 수 있다.

사람이나 물건이나, 화려하거나 수수하거나 어떤 상황에서도 마스터키가 될 수 있는 존재감! 대화의 세계에서 존재감이 빛나는 단어다.

안전하게 활용할 수 있는 '○○감'

앞서 소개한 존재감과 일맥상통하는 '○○감'이라는 단어는 임기응변에 강한 안성맞춤 표현이다. 여기에서 '~감感'은 느낌의 뜻을 더하는 접미사로, 타인은 어떻게 생각하는지 모르지만 '나는 이렇게 느껴요' 하는 자신의 느낌을 자연스럽게 전달해준다.

아울러 객관적인 사실이 아니라 주관적인 느낌을 드러낸다는 점에서 현상학의 사고법을 따른다고 말할 수 있다.

현상학을 제창한 후설은 '절대적인 객관성(누가 봐도 반드시 그러하다는 사실)'은 없다고 주장했다. '이 장미는 빨갛다'고 했더라도 장미꽃을 바라보는 모든 사람이 똑같은 빨간 장미를 인식한 것은 아니다. 대다수가 레드 장미를 말하지만, 오렌지 혹은 핑크 장미를 떠올리는 사람도 있다. '그 장미는 빨간색이 아니라 자주색'이라고 콕 찍어 말하는 사람도 있을지 모른다.

요컨대 보는 사람에 따라서 관점이 달라지기 때문에 이 세상에 절대적인 객관이라는 것은 존재하지 않고, 우리가 흔히 말하는 사물은 방대한 주관의 집합체라고 후설은 역설한다. 자신이 어떻게 보았는지, 어떻게 느꼈는지, 그 현상을 진실하게 기술하려는 것이 현상학이라는 점에서 주관을 언급하는 '○○감'은 현상학에 가깝다. 나아가 객관적인 사실이나 지식 등의 완벽한 정보를 갖추지 않더라도 누구나 자신의 느낌은 말할 수 있기에 '○○감'은 열린 표현이라고 할 수 있다.

덧붙이자면, 순수한 객관이 존재하지 않는다고 주장하는 현상학이지만 주관 가운데 찾을 수 있는 공통점까지 부정하는 것은 아니다. 빈센트 반 고흐Vincent van Gogh(1853~1890)의 그림을 보고 강렬함을 느끼거나, 클로드 모네Claude Monet(1840~1926)의 그림을 보고 황홀한 빛의 아름다움을 느끼는 것은 대부분의 사람에게 공통된 감상평이다. 이처럼 하나의 주관을 초월하여 다수의 주관에서 볼 수 있는 공통분모를 후설은 '상호주관성'이라고 했다.

특정 사물을 접하는 순간 '이것은 ○○이다!'라고 단언하면, 시챗말로 '사이다'처럼 명쾌하게 다가온다. 방송 프로그램에서 거침없이 말하는 독설가에 열광하는 이유도 톡 쏘는 사이다처럼 시원함을 느끼기 때문이다.

하지만 사물을 하나의 관점으로 규정짓는 일은 매우 위험하다. 특히 부정적인 평가에는 그만큼 높은 위험도가 뒤따른다.

"A는 남의 남편을 빼앗아 불륜을 일삼았으니까 천벌을 받아 마땅하다"고 단정해도, 어쩌면 상대 남자가 A에게 기혼자임을 밝히지 않고 의도적으로 접근했는지도 모른다. 만약 그게 사실이라면 A가 아닌, 남자가 비난을 받아야 한다. 하지만 A가 나쁘다고 단박에 규정해버리면 뱉은 말을 주워 담을 수가 없다.

"지금까지 언론에 나온 기사를 보면 A가 잘못한 것 같아요" 하고 자신의 느낌을 전한다면 크게 무리하지 않으면서 자신의 생각이나 관점을 솔직하게 드러낼 수 있다. 즉 안전하게 안성맞춤 대화를 이어나가게 된다.

물론 범죄자를 좋게 말할 수는 없다. '잘못한 것 같아요'가 아니라 '잘못했다'고 확실히 말해야 한다. 하지만 용의자로 검거된 시점에서는 범죄자라고 100퍼센트 단언하기 어렵다. 간혹 체포된 순간 범인으로 확정하는 투로 언론에서 보도할 때도 있지만, 정확하게 따지자면 최종적으로 재판에서 유죄가 선고되어야 비로소 범죄자가 된다. 설령 경찰이 체포했다 하더라도 실수의 가능성을 배제할 수 없는 한, 범인이라고 함부로 단정짓는 말은 위험하다.

예전에 어느 방송 프로그램에 출연했을 때, '떡 만들기 행사'에서 식중독이 발생했기 때문에 야외에서 많은 사람들이 모여 떡을 만들고 다 같이 나눠 먹는 연례행사를 중지하려는 움직임이 각 지방자치단체를 중심으로 생겨나고 있다는 이슈를 다룬 적이 있다. 해당 프로그램은 토론 참석자들이 하나의 주제를 놓고 찬성 혹은 반대를 확실히 밝히면서 서로 의견을 나누는 토론 형식으로 진행되었다.

그 자리에 모인 참석자들 중 대부분이 '전통 행사이므로 절대 폐지해서는 안 된다', '이 행사는 지역 주민들의 친목을 다지는 축제로 자리 잡았는데 이를 중단시키는 일은 상상할 수도 없는 처사다'라는 의견을 피력했다. 거의 전원이 반대표에 손을 들었기에 나는 원활한 토론 진행을 위해 찬성표에 손을 들고 이렇게 발언했다.

"어린아이를 둔 어머니의 마음을 떠올린다면, 부득이하게 행사 중지를 말할 수밖에 없지 않을까요?"

그러자 게스트 중 한 명이 "하지만 오늘날에는 집집마다 멸균, 살균을 지나치게 외치는 것 같아요" 하고 소리를 높였고, 토론장은 "맞아요. 옛날에는 항균이라는 단어의 뜻조차 잘 몰랐는데,

지금은 아이 키우는 집에서 특히 항균 제품을 너무 남용하고 있는 것 같아요" 하는 이야기에서 마침 광고 장면으로 넘어가게 되었다.

그런데 놀랍게도 화면에는 항균 제품을 소개하는 광고가 나왔다. 요컨대 방송에서 광고 제품을 부정하는 최악의 사태가 벌어진 셈이다. '어머나' 하는 목소리가 스튜디오 여기저기에서 들렸다.

이 일화는 여담으로 한 이야기지만, 지나치게 단정지어 말한 뒤에 후회하거나 곤란했던 상황은 누구나 한 번쯤 겪어보았을 것이다.

토론 프로그램은 진행 방식에 따라 목소리가 높아지고, 보는 사람도 생각이 한쪽으로 치우치기 쉽다. 하지만 '한쪽이 옳고, 어느 한쪽은 틀리다'고 명백하게 선을 그어버리면 나중에 문제가 생길 수도 있다. 심지어 발언한 사람이 인신공격을 당하기도 한다.

다양한 상황을 염두에 둔다면 열정적으로 토론하면서도 결론은 어느 쪽도 가능할 수 있다는 열린 결말로 마무리를 짓는 쪽이 아무래도 안전하지 않을까 싶다.

난처할 때는 질감, 무게감, 정체감

SNS의 발달로 누구나 발언할 수 있고, 또 발언을 요구하는 시대가 되었다. 타인의 주장을 예민하게 받아들이는 현대인도 늘어났다. 실제로 타인의 요구에 부응하기 위해 애쓰는 사람은 물론이고, 주변의 기대를 만족시키기 위해 거침없이 자기주장을 펼치는 사람도 있다.

세상에는 다양한 관점과 감상을 가진 사람이 존재하기에, 자신의 의견을 분명히 밝혀야 할 때와 두루뭉술하게 넘어가야 할 때로 구분된다. 대화의 장에서는 대체로 후자가 더 많다. 그도 그럴 것이 '이것은 이거야' 하고 단언하는 것이 아니라 '나는 이렇게 생각해', '난 이렇게 느꼈어' 하고 에둘러서 말함으로써 대립각을 세우지 않는 세련된 달변가가 될 수 있기 때문이다.

앞서 언급한 '○○감'은 다채롭게 응용할 수 있는 표현인데, 그 중에서도 활용하기 쉬운 단어를 몇 가지 소개하려 한다.

예를 들어 "이거 어때요? 괜찮은 거 같죠?" 식으로 좋은 평가에 대한 동의를 구할 때 "네, 괜찮아요"라는 밍밍한 대답은 훌륭한 모범 답안이라고 할 수 없다. 이처럼 공감이 필요한 장면에서는 "질감이 좋아요!"라는 구체적인 표현을 추천하고 싶다. '무게감'도 훌륭한 단어다. 질감이나 무게감은 물건에 두루 쓸 수 있는데

찻잔이나 컵, 종이나 옷, 가구나 인테리어 등 손으로 만질 수 있는 것이라면 만능으로 활용할 수 있다.

만약 입장을 바꿔서 상대방이 '좋아요', '멋져요', '근사해요'라는, 그렇고 그런 단어만 늘어놓는다면 흡족한 대답으로 다가오지는 않을 것이다. 뭔가 한마디 더 참신한 코멘트를 듣고 싶은 것이 인지상정일 테니까 말이다.

이때 "손으로 만져본 감촉이 정말 좋네요" 하고 질감을 활용하면 '이 사람, 좀 볼 줄 아는 사람이네!' 하며 좋은 인상을 줄 수 있다.

질감이라는 단어가 일상생활의 대화에서 긍정적인 의미로 쓰인다면, '정체감停滯感'이나 '침체감'은 정치나 경제 등 조금 딱딱한 화제에서 부정적인 의미로 곧잘 쓰인다.

"요즘 정치는 좀 정체되어 있는 감이 있어요."

"시장이 꽉 막혀 있어서 침체된 느낌이네요."

만약 여기에서 정체된 느낌이 아닌, '정체 상태'라고 단정하면 정치나 경제 분야의 전문가가 "하지만 얼마 전에 새로운 법안이 통과되어서 정체 상태라고 단정지을 수는 없을 것 같은데요" 하고 반론을 제기할 가능성도 있다. "제대로 알지도 못하면서 침체기라고 말씀하신 거 아닌가요?" 하고 상대가 목소리를 높인다면 그야말로 할 말이 없다.

반면에 정체된 느낌이라고 에둘러 표현하면, '확실히 법안은 통과되었지만 전반적으로 뻥 뚫렸다는 느낌은 들지 않는다'는 함축적인 의미가 충분히 전달되기 때문에 무난하게 대화를 이어나갈 수 있다.

'감'은 주관적인 느낌이나 생각을 나타내는 말로, 불특정 다수의 공감대를 이끌어낼 수 있는 장점을 두루 갖춘 단어다. 달리 표현하면, '나는 정체된 느낌이 드는데 혹시 당신도 그렇게 느끼지 않나요?' 하는 뉘앙스를 담고 있는 것이다. 불특정 다수의 주관, 즉 '상호주관성'으로 받아들임으로써 개인적인 의견을 똑 부러지게 밝히지 않아도 넓은 의미에서 이해해주고 공감해주는 표현이다.

예컨대 회의나 토론 자리에서 다양한 의견이 좀 더 적극적으로 나왔으면 할 때, "지금까지 여러 의견을 말씀해주셨는데요, 조금 덧붙이고 싶은 이야기가 있으면 편하게 말씀해주세요" 하고 넌지시 건네면 "그럼 제가 좀 더 추가해서 말씀드린다면……" 하고 손을 드는 사람이 나오게 마련이다. 무턱대고 "의견 있으신 분?" 하고 직접적으로 물으면, '뭐, 의견이라고 할 것까지는 없는데……' 하며 다들 입을 꾹 다물게 된다. 물론 이는 바람직한 회의의 모습이 아니다.

따라서 '조금'과 '싶은'이라는 두 가지 표현으로 허용 범위를

확장시킨, '조금 덧붙이고 싶은 이야기'처럼 스스럼없이 말하게
하는 안전장치가 필요하다. 결과적으로 경직된 회의실의 분위기
를 촉촉이 녹여주는 단비와도 같은 표현은 지극히 주관적인 '감'
을 어떻게 활용하느냐에 달려 있는 셈이다.

패자에게 건네는 안성맞춤 대화법

 스포츠와 같은 승부의 세계에서는 결과가 명명백백하게 드러
난다. '지는 게 이기는 거다'라는 속담도 있지만, 승패를 가름하는
경기라면 승자의 편에 서는 쪽이 기분 좋은 것은 사실이다.

 하지만 승리 제일주의의 가치관에 돌을 던진 인물이 있었으니,
바로 일본 야구의 영웅인 나가시마 시게오長嶋茂雄(1936~)다. 일본
프로야구 역사상 나가시마보다 홈런을 많이 친 선수는 많다. 타
자로서 나가시마보다 나은 실력을 보여준 선수도 있다.

 하지만 나가시마가 전설로 불리는 이유는 야구 선수 이상으로
만능 예능인이었기 때문이다. 선수로서의 결과물이 아닌, 많은
사람들에게 즐거움을 선사할 줄 아는 야구 선수는 예전에도, 또
앞으로도 나가시마가 유일하지 않을까 싶다.

 현역 시절 나가시마는 홈런보다 3루타를 더 좋아했다고 한다.

야구 경기에서 수비하는 선수는 공이 날아오지 않으면 절대 움직이지 않는다. 타자가 안타를 쳐야 비로소 바쁘게 돌아가는 스포츠다. 그렇기에 공이 날개를 달았을 때, 야구장 전체를 흥분의 도가니로 몰아넣는 속도감이 바로 야구의 묘미라고 생각했던 나가시마는 수비수 전원이 한꺼번에 달리는 3루타를 가장 선호했던 것이다.

전체 경기로 말하자면 홈런을 치는 것이 훨씬 이득이다. 하지만 흥미진진한 게임을 생각한다면 관중석을 끓어오르게 하는 3루타가 정답에 가까울지도 모른다. 홈런 몇 개보다 스포츠의 진정한 재미를 고민했다는 점에서 나가시마는 인기 만점 선수이자 최고의 예능인이라고 말할 수 있다. 아울러 이기고 지는 승패와는 다른 기준을 도입함으로써 승부거리의 관점이나 가치관을 다채롭게 만든 것도 나가시마의 공로로 꼽을 만하다.

치열한 접전에서 결국 패자가 된 사람에게 '지는 게 이기는 거'라고 위로한다든지, '그래도 이긴 거나 다름없지' 하는 격려의 말은 적절하지 않다. 진 사람에게 이겼다는 표현은 전혀 와닿지 않을 테니까 말이다.

이때 '불꽃 튀는 공방이 정말 훌륭했어!'라거나 '그 플레이는 마치 예능 프로그램처럼 재미나고 흥겨웠어!'라고 표현하면, 승부라는 단어를 피해가면서도 경기에 대한 긍정적인 평가를 내리고 패자의 경기를 칭찬할 수 있다. 결과적으로 패배한 사람에게 건네는 적절한 표현이 된다.

한편 평가의 관점을 '누가 보더라도'의 거시적인 관점에서 '독특한', '특별한' 등의 미시적인 관점으로 좁혀가는 방법도 임기응변 상황에서 효과적이다.

이를테면 맛집 평가가 화제로 올랐을 때, 상대방은 엄청 맛있다고 말하지만 자신은 그 정도는 아닌, 오히려 별로라고 느꼈다고 가정해보자. 상대방의 달뜬 목소리에 '맛이 없다'고 솔직하게 말하기가 곤란한 상황에서는 "양념 맛이 독특하네요!", "특별한 조리법이 있는 것 같아요!" 식으로 미시적인 관점에 초점을 맞추면 무난하게 대화를 즐길 수 있다. 특히 '독특한'은 요긴하게 쓸 수 있는 안성맞춤 표현이다.

아무리 스스럼없는 대화라도 '승자냐, 패자냐' 혹은 '맛있다, 맛없다'처럼 양자택일을 언급하는 일은 위험하다. 그도 그럴 것이 우열을 가리는 자리에서 후자는 부정적으로 비치기 때문이다. 따라서 좋고 나쁨, 잘하고 못함을 구체적으로 언급하지 않으면서도 현실을 있는 그대로 인정해주는 '독특한', '남다른' 등의 표현은 여러모로 활용도가 높다. 이때 '독특한' 대신 '유니크unique'라는 영어로 바꿔 말해도 무방하다.

앞에서 소개한 '존재감'과 묶어서 "저 사람에게는 남다른 존재감이 느껴져요!" 하고 말하면, 특별하게 참신한 표현을 쓰지 않았지만 왠지 중요한 이야기를 하고 있는 것처럼 들린다.

만약 주거니 받거니 대화에서 적당한 말이 떠오르지 않는 탓에 흐름이 꽉 막혀버렸다면 사람에게는 '남다른 존재감', 물건은 '독특한 ○○'이라고 표현해보자. 분명 정체 구간이 풀리고 다시 이야기가 앞으로 쭉쭉 나아갈 것이다.

겸손하지만 당당하게 표현하려면

주위를 둘러보면, 자신이 잘 알고 있는 지식이나 척척 대답할 수 있는 질문에도 우물쭈물하며 마이크를 피하는 사람이 많은 것 같다. 대학 강의 시간에도 "이 주제에 대해 말할 수 있는 사람?" 하고 물어보면 아무도 손을 들지 않지만, "그럼 ○○○ 학생이 한번 이야기해보세요" 하고 콕 찍어서 시키면 대체로 막힘없이 대답한다.

아는 척, 잘난 척하는 일도 볼썽사납지만, 그렇다고 자신의 능력을 애써 감추는 일도 정답은 아닐 것이다. 때와 장소에 맞게 당당히 말하는 용기가 임기응변 대화에서는 필요하다.

이를테면 "이 프랑스어 단어, 뜻이 뭐더라? 많이 들어본 말인데. 기억이 가물가물하네"라는 화제를 앞에 두고 대답하는 사람은 아무도 없고, 썰렁한 침묵만 흐르는 장면을 상상해보자. 이때 자신은 프랑스를 여행한 적이 있고, 프랑스 친구도 있어서 그 단어의 뜻을 알고 있다. 하지만 프랑스어 전문가도 아닐 뿐더러 괜히 나대는 것 같아서 마음속으로만 중얼거리고 있을 따름이다.

이처럼 '그저' 조금 알고 있다는 뉘앙스를 전달하고 싶을 때는 '잘은 모르지만', '정확하게는 모르지만' 하고 말문을 연다면 부담 없이 대화를 진행할 수 있다. '프랑스어를 할 줄 안다' 혹은 '프랑스어를 배운 적이 있다' 하고 단정지어 표현하면, '오호, 그럼 잘 알겠구나!' 하며 상대방의 기대치가 높아지게 마련이다. 반면에 전문가는 아니지만, 그렇다고 전혀 모르는 문외한도 아닌, 그저 조금 알고 있다는 말만 전했기에 적당히 빠져나갈 구멍이 있는 것이다.

때때로 우리는 겸손을 내세우며 애써 발언을 피하는데, 소통의 자리에서 정말로 피해야 할 것은 갑작스러운 침묵이다. 어색한 침묵을 막기 위해서라도 겸손하지만 당당하게 '잘은 모르지만, 조금은 알고 있다'는 의사 표현이 중요하다.

덧붙이자면, 임기응변의 달인은 돌발 상황에서도 그때그때 분위기를 맞출 수 있는 사람이다. 예를 들어 노래방에서 "한 곡 부탁해요!" 하며 마이크를 받았을 때나 회식 자리에서 "건배사 한마디!"를 제안받았을 때, "못해요, 나 못해요"라며 거듭 빼기만 한다면 술자리의 온도는 영하로 곤두박질치기 십상이다. 마이크를 건네는 사람의 입장도 난처해진다. 이때는 "그럼, 많이 부족하지만……" 하며 행동하는 용기가 필요하다.

여기에서 자신감 혹은 부족한 실력 따위는 전혀 문제되지 않는다. 갑자기 마이크를 들었으니 실력을 충분히 발휘하지 못하는 것은 당연지사! 마이크를 건네받은 사람의 역할은 단지 그 자리의 유쾌한 분위기를 이어나가는 데 있기 때문이다.

사회생활을 하다 보면 단체 모임에서 발언이나 코멘트를 해야 하는 순간이 있다. 그럴 때 "저 못해요, 사양하겠습니다"라고 마냥 피하는 일도 마찬가지로 정답은 아닐 것이다. 때와 장소에 맞게 당당히 말하는 용기가 필요하듯이, 거침없는 행동도 임기응변의 기술임을 새겨두었으면 한다.

적절한 듯 적절하지 않은 말투

지금까지 융통성을 발휘하는 안성맞춤 대화법을 소개했다. 그럼 이번에는 언뜻 적절한 듯 보이지만 실은 적절하지 않은 말투를 알아보고자 한다.

흔히 쓰는 표현 가운데 '말 그대로', '글자 그대로'라는 관용구가 있다. 진짜 말 그대로라면 좋을 텐데, 어법에 맞지 않게 쓰는 사람이 의외로 많은 것 같다. '글자 그대로 이해하면', '말 그대로 그는 무일푼이다'라는 표현은 어법에 어긋나지 않지만, 다음의 사례는 잘못된 쓰임새다.

"일부러 죄를 저지른 그는, 말 그대로 확신범이었다."

'확신범'이란, 일부러 저지른 범죄나 그런 범인이 아니라 도덕적·정치적·종교적 확신이 결정적인 동기로 작용하는 범죄나 그런 범인을 말한다. 따라서 '말 그대로'는 맞는 표현이 아니다. 하지만 '말 그대로'라고 말하면, 왠지 '유식한' 느낌이 드니까 이를 입버릇처럼 애용하는 사람도 있는 듯하나, 잘못 사용하면 글자 그대로 '무식한' 사람으로 내몰릴 수 있으니 조심해야 한다.

'반대로'도 마찬가지다. '반대로'는 앞말과 상반된 말을 할 때 써야 하는데, 결국 앞말과 같은 말을 하고 있다면 어법에 맞지 않는다. 어쩌면 '반대로'의 남용에는 고상한 척, 품격 있는 사람으로 보이고 싶어 하는 속내가 숨겨져 있는지도 모른다. 혹시 '반대로'를 습관처럼 쓰고 있다면 특히 유념해야 할 것이다.

또 말을 시작할 때마다 '좋은 의미에서' 하며 운을 떼는 사람도

자가 점검이 필요하다. '좋은 의미'는 '나쁜 의미'와 짝으로 등장해야 제격인데, 밑도 끝도 없이 좋은 의미만 잔뜩 늘어놓고 말을 끝내는 사람이 많다. 이런 거창한 표현을 듣고 있는 대화 상대는 쉽게 피로감을 느낀다.

뭔가 덧붙이는 말을 늘어놓으면 지식인으로 보일 것이라고 착각하는 사람이 적지 않다. 물론 때와 장소에 따라서는 멋있게 들릴 수도 있겠지만, 어디까지나 적절하게 사용해야 원하는 효과를 얻을 수 있다. 오용하면 부족한 지식을 만천하에 드러낼 따름이다. 오히려 때와 장소에 어울리지 않는 사람, 말 못하는 사람으로 비친다는 점, 기억해두자.

질문의 의도를 꿰뚫어보는 기술

대화를 할 때는 질문에 맞게 답하는 일이 가장 중요하다. 상대방이 '긍정Yes이냐, 부정No이냐'를 질문하면 '네' 혹은 '아니요'라고 대답하고, '무엇What'을 물어보면 '무엇'에 대한 대답을, '어떻게How'라고 물으면 '어떻게 했다'는 응답을, '왜Why'라고 묻는다면 '왜냐하면'에 해당하는 내용을 답해야 한다.

질문과 대답의 규칙을 지키지 않으면 말 못하는 사람이 된다. 게

다가 질문에 성의 없이 대답하는 '비호감'으로 비칠지도 모른다.

한편 묻고 답하는 대화에서도 적절한 듯 적절하지 않은 대답이 존재한다. 예를 들면 '그때그때 달라요'라는 대답!

대체로 일상생활에서 접하는 거의 모든 일은 '그때그때 다르게' 마련이다. '집을 산다면 언제가 좋아요?', '꿈의 직장은?' '맛집을 추천한다면?', '노후 자금으로는 얼마나 필요할까요?', '주식 투자를 해야 할까요, 하지 말아야 할까요?'와 같은 질문에 정답을 말한다면, '그때그때 다르다'일 것이다.

하지만 그때그때 다르다고 답하는 순간, 더 이상 이야기가 진행되기 어렵다. '그건 나도 알아. 하지만 지금 상황에서 당신이 생각하는 답을 얘기해줘'라는 것이 질문하는 사람의 속내가 아닐까?

이처럼 시시각각 정답이 달라지는 질문을 던질 때는 시험 정답처럼 완벽한 하나의 해답을 요구하는 것이 아니다. '제가 볼 때는', '지금 시기라면' 식으로 범위를 정해서 성실하게 답하는 것이 안성맞춤 대답이다.

나는 강연회 자리에서 '좋은 책을 한 권 추천해달라'는 요청을 자주 받는다. 마찬가지로 자신만의 전문 분야나 자신 있는 자랑거리와 관련해 질문을 받을 때가 있을 것이다. 이때 "너무 많아서 답을 드릴 수 없네요"라고 대답하는 사람은 그야말로 말 못하는 사람이다.

한 분야의 전문가일수록 리스트가 너무 많아서 단 하나로 압축하기가 쉽지 않을 테지만, 이를 곧이곧대로 대답하면 좋은 대화를 끌어갈 수 없다.

'너무 많아서 답을 드릴 수 없다'는 대답을 듣는 순간, 상대방은 '내가 뭔가 실수했나 보네!' 하며 표정이 굳어질지도 모른다. 어쩌면 '그런 질문 따위, 나한테 하지 마!'라며 전문가가 엄포를 놓고 있다고 오해할지도 모른다.

질문을 던지는 사람은 자신이 비전문가이므로 전문가에게 배우고 싶다는 마음으로 질문했을 따름이지, 전문적인 정답을 기대하고 질문한 것이 아니다. 따라서 질문을 받는 사람은 지나치게 깊이 생각하지 말고 뭔가 알려주고 싶은 바를 친절하게 말하면 그게 바로 정답이 된다. 제아무리 완벽한 지식을 갖추고 있더라도 질문에 맞는 맞춤 정보를 그때그때 떠올리지 못한다면 언어력 부족으로 지식인의 자리마저 흔들릴지 모른다.

나는 한 권의 책을 추천해달라는 질문에 바로바로 답하기 위해서 분야별로 추천 도서를 준비해두고 있다. 이를테면 일본 문학 가운데 시대소설은 후지사와 슈헤이藤沢周平(1927~1997)의 『매미 소리蟬しぐれ』, 초등학생에게 권하고 싶은 소설은 나쓰메 소세키夏目漱石(1867~1916)의 『도련님坊っちゃん』 등등 머릿속에 강력 추천 리스트를 저장해두는 식이다.

좀 더 자세히 소개해야 할 때는 영미권 추리소설 중에서도 미국의 소설가인 제임스 M. 케인James M. Cain(1892~1977)의 『칵테일 웨이트리스The Cocktail Waitress』는 주인공이 매력적인 작품이고, 영국의 소설가인 R. D. 윙필드R. D. Wingfield(1928~2007)의 『크리스마스의 프로스트Frost at Christmas』, 『프로스트의 손길A Touch of Frost』 등과 같은 '프로스트 경찰' 시리즈는 기묘한 캐릭터가 돋보이며, 코믹 범죄소설은 '도트문더Dortmunder' 시리즈로 유명한 미국의 소설가인 도널드 E. 웨스트레이크Donald E. Westlake(1933~2008)의 『뉴욕을 털어라The Hot Rock』 식으로 내용에 따라 추천하고 싶은 책을 미리 외워두고 있다.

이 세상에 출간된 모든 책 가운데 아무런 구분 없이 추천 리스트를 꼽기는 어렵겠지만, 분야별·목적별로 나눠보면 훨씬 수월하게 간추릴 수 있다.

'말할 수 없다'가 아니라 '이런 대답이라면 할 수 있다'고 대처하는 쪽이 분위기를 살리는 대화법이다. 만약 자신이 잘 모르는 분야에 대해 질문을 받았을 때라도 '내 전문 분야가 아니라서 몰라요' 하고 고개를 가로저을 것이 아니라 '잘은 모르지만, 제가 아는 범위에서 말씀드린다면' 하고 성심성의껏 대답한다면 그게 정답이다. 무엇보다 상대방이 찾고 있는 모범 답안이 아니더라도 열심히 답하려는 마음가짐이 가장 중요하지 않을까 싶다.

'닭살', '전문가'는 요주의 단어

'○○에 대해 어떻게 생각하세요?'라는 의견을 묻는 질문에 엄지를 치켜세우며 "정말 대단하네요. 닭살 돋아요!"라고 대답하는 사람이 있다. 하지만 이것도 어법에 맞지 않는 말이다. 원래 '닭살 돋다'는 춥거나 무섭거나 비위에 거슬릴 때 쓰는 표현으로, 공포나 불쾌감에서 유래한 단어다. 따라서 '무척 감동했다'는 의미로 '닭살'을 쓰는 것은 명백한 오용이다.

게다가 '어떻게 생각하세요?' 하고 감상을 물었는데, '닭살 돋았다'는 신체 반응으로 대답한다면 질문과 답이 불협화음으로 들린다. '무엇이 어떻게 대단했는지'를 설명해야 비로소 대화가 앞으로 나아갈 수 있다. 한창 이야기꽃을 피우는 자리에서 '닭살 돋아요!' 혹은 '소름이 쫙!' 하고 답하면, "그렇군요" 하고 이야기는 일단락된다. 대화가 정체 구간으로 넘어가버리는 것이다.

흔히 쓰는 '감동이네요'도 마찬가지다. 감동했다는 상투적인 표현을 들으면, 질문한 상대방은 뭔가 김이 새는 느낌을 받으며 '그렇군요……' 하고 말을 맺을 수밖에 없다. 대화라는 주거니 받거니 게임을 중단시킨다는 점에서 '감동'은 부적절한 표현이다.

같은 맥락에서 '말로 표현할 수 없어요'도 피해야 하는 상투어다. '형용할 수 없다'나 '형언하기 어렵다'는 고상한 표현도 피장파장이다.

물론 똑같은 표현이라도 경기에서 우승한 운동선수가 울먹이는 목소리로 "뭐라고 말로 표현할 수 없어요!" 하고 소감을 밝혔다면, 가슴 조이며 경기를 지켜본 모든 사람이 '말로 표현할 수 없다'는 선수의 심정을 충분히 헤아리고, 말할 수 없다는 표현에 가슴 벅찬 감동까지 느낄 것이다.

하지만 일상적인 대화에서 밑도 끝도 없이 '뭐라고 말로 표현할 수 없어요!', '형언하기 어려워요!' 하는 상투어를 남발한다면 대화의 분위기를 망치기 십상이다. '말로 표현하기 어렵다'는 이야기에 상대방은 '그럼 내가 지금까지 구구절절 늘어놓은 말은 도대체 뭐지? 나는 생각이 짧다는 건가?' 하고 오해할 수도 있다.

스스로 지식이나 정보를 상당히 갖추고 있다고 자부하는 사람이라도 '전문가의 시각에서 본다면' 식으로 전문가를 자칭한다면 아무래도 듣는 사람은 거부감을 느끼게 마련이다. 만약 진짜 전문가라면 굳이 '전문가의 시각'이라는 표현을 스스로 덧붙일 필요가 없다. 그도 그럴 것이 자타가 인정하는 프로페셔널이라면,

그 사람이 말하는 내용 자체가 전문가의 의견이라고 누구나 생각할 테니까 말이다.

더욱이 전문가라고 자칭하는 사람을 향해, 세상의 이목은 '저 사람, 정말 전문가 맞아?' 하며 날카로운 잣대를 들이댈 때가 많다. 어떤 만화가가 애니메이션 영화를 보고 '전문가의 시각에서 보면 재미없는 영화'라고 SNS에 영화평을 올린 적이 있는데, 뭇 사람들의 거센 항의와 비난이 쏟아졌다. 그 당시 '만화와 애니메이션은 엄연히 다른 장르인데, (애니메이션의) 전문가라는 표현은 어불성설'이라는 것이 비판의 요지였다.

이처럼 '전문가의 시각에서 본다면'은 위험 부담이 큰 표현이다. 따라서 '나는 재미없었다'고 지극히 주관적인 감상을 밝히거나, '보는 사람에 따라서 호불호가 나뉠 수 있는 작품이라 생각한다'고 에둘러서 표현하는 쪽이 훨씬 적절하지 않을까 싶다.

특정 분야의 권위자일수록 알려주고 싶은 전문 지식이 많겠지만, 어려운 전문 용어는 편안한 대화에 방해가 될 따름이다. 또한 "그 문제에 대해 말하자면 이야기가 길어져요!" 하고 잘난 척하는 사람도 있지만, 대화를 하는 상대방과 시간을 공유하는 자리에서는 장황한 말투로 타인의 시간을 빼앗아서는 안 된다. 짧게 말하는 것이 예의다.

'나는 전문가니까 이 정도쯤은 말해야 하지 않겠어!' 하며 자기 주장이나 전문 지식을 자랑삼아 길게 늘어놓는 사람도 곱지 않은 시선으로 보게 마련이다. 예컨대 자신이 경마를 꿰뚫고 있더라도 경마에 전혀 흥미를 느끼지 못하는 대화 상대를 만날 수도 있고, 경마를 경험해보지는 않았지만 경마 이야기를 듣고 싶어 하는 상대방을 접할 수도 있다. 이때 상대방의 흥미나 관심도에 따라 볼륨(양과 시간)을 조절할 수 있는 사람이 진정한 달변가다. 듣고 있는 사람의 반응을 살피며 자유자재로 대화 내용을 줄이거나 늘릴 수 있는 융통성은 누구에게나, 또 어떤 화제라도 환영받는 훌륭한 능력인 것이다.

대화 시간에 융통성을 발휘하지 못하는 사람은 눌변가에서 그치는 것이 아니라 많은 사람들이 멀리하는 요주의 인물로 전락할 수 있으니 조심하고 또 주의하자.

달인에게 배우는 술술 대화의 테크닉

지식과 교양을 두루 갖춘 지성인의 대화법, 때와 장소에 맞게 말 잘하는 달변가의 표현법을 구체적으로 살펴보기 위해 본보기가 될 만한 달인을 소개하려 한다.

우선 '지식과 언어의 매트릭스' 그림에서 아는 것도 많고 말도

잘하는 C 유형에 속하는 인물로는 도코로 조지所ジョ-ジ(1955~)를 꼽을 수 있다. 일본에서 최고의 예능인으로 통하는 도코로 조지는 가수, 성우, 탤런트, 코미디언, 진행자 등 다채로운 활동을 펼치고 있는 말 그대로 팔방미인이다. 나는 도코로 씨가 진행하는 방송 프로그램에 몇 차례 출연한 적이 있는데, 그때마다 그의 풍부한 지식에 감탄하고 배려와 여유 넘치는 말솜씨에 감동했다.

관련 일화를 잠시 이야기하자면, 외국인의 시각으로 본 진기명기 일본 문화를 소개하는 교양·예능 프로그램에서 진행자와 게스트로 만났을 때의 일이다. 그날 방송 주제가 '네쓰케根付け'였는데, 네쓰케는 허리에 차는 작은 주머니를 고정시키는 일본의 전통 액세서리로 감탄사가 절로 나올 만큼 아주 세밀하면서도 정교한 세공품이라는 점에서 화젯거리가 되었다. 도코로 씨를 비롯해 스튜디오에 모인 모든 사람이 "우와, 정말 굉장하네요!" 하며 탄성을 연발하는 장면에서 화면이 광고로 넘어갔을 때, "실은 네쓰케 수집광이에요" 하고 도코로 씨가 고백하는 게 아닌가! "틈틈이 모으고, 또 친구들한테 선물하기도 하지요"라는 말까지 덧붙였다.

한편 깨진 도자기를 더 훌륭하게 복원하는 예술인 '긴쓰기金継ぎ'를 소개하는 날에도 나는 도코로 씨에게 한 수 배웠다. 방송 중에는 다른 사람들과 마찬가지로 도코로 씨도 넋을 잃고 바라보았

지만, 실은 망가진 도자기 조각을 다시 이어 붙여 새로운 생명력을 불어넣는 긴쓰기를 집에서 직접 작업하고 있다는 이야기를 방송이 끝난 뒤에 들려주었다.

이후에도 방송 촬영을 함께하면서 도코로 씨의 해박한 지식과 폭넓은 관심사에 고개가 절로 숙여졌다. 더욱이 그는 화제가 되는 지식을 줄줄 꿰고 있을 정도로 다양한 분야의 전문가임에 틀림없었다.

하지만 방송 중에 그런 사실을 밝히면 흥이 깨지고, 취재 영상의 신선함이 확 떨어진다. 그렇다고 해서 전혀 모르는 척 시치미를 떼면 거짓말쟁이가 된다.

따라서 방송에서 다루는 화젯거리와 관련해 자신이 알고 있는 지식은 잠시 내려놓고, 일단 화면 속 영상을 진지하게 보면서 또 다른 호기심거리를 찾아내고 감동·감탄의 감정을 있는 그대로 표현하는 것이다. 이처럼 도코로 씨는 전문 지식을 떠벌리지 않으면서도 대화의 장을 더 화기애애하게 만들어갈 줄 아는 분위기의 달인으로, 그가 있는 자리는 늘 웃음꽃이 만발했다. 알고도 모르는 체하며 뻔뻔하게 거짓 연기를 하는 것이 아니라 지극히 자연스럽게 반응하기에, 보는 사람도 불편하지 않다. 이미 잘 알고 있는 내용이라도 새삼 다시 보면서 '역시 좋구나!' 하며 감탄하기 때문에 무척이나 자연스럽다.

또한 자신의 자랑담보다는 게스트의 이야기에 귀를 기울이고 공감의 추임새를 적절하게 넣으면서 상대방을 더 돋보이게 하는 진행도 도코로 씨의 장기다. 만약 '나도 잘 알아요, 나도 전문가예요' 하며 자신의 이야기를 늘어놓는다면, 카메라가 진행자인 도코로 씨에게 집중된다. 이는 보는 사람도 재미가 없을 뿐더러 모처럼 출연한 게스트에게도 예의가 아니다. 실제로 마이크를 독차지하는 진행자 때문에 눈살이 찌푸려지는 경우도 종종 있는데, 도코로 씨는 방송에 참여하는 모든 게스트에게 '이건 어떻게 보셨어요?' 하며 다채로운 질문을 던지면서 이야깃거리를 더 풍성하게 만드는 배려와 여유를 겸비한 달인이었다.

'무사도란 죽음을 깨닫는 것이다'라는 구절로 유명한, 일본 무사도의 고전인 『하가쿠레葉隱』에는 어떤 무사가 노인에게 "이 글자는 뭐라고 읽습니까?"라고 묻는 장면이 나온다. 그러자 노인은 "○○이라는 뜻이다"라고 가르쳐주고, 무사는 "그렇습니까. 알려주셔서 고맙습니다"라고 공손하게 대답한다. 하지만 책에는 무사가 그 단어의 의미를 이미 알고 있었을 것이라고 적혀 있다. 일부러 질문함으로써 상대방의 체면을 세워준 것이라고 한다. 요컨대 자신의 지식을 드러내지 않음으로써 상대방을 더 돋보이게 하는 대화의 기술인 셈이다.

덧붙이자면, 지식을 떠벌리지 않는 겸손과 알고도 모르는 체하는 시치미는 전혀 다르다. 예를 들어 생선의 살을 으깨서 만든 음식이 어묵이라는 사실을 정확히 알면서도 아무것도 모르는 척 천진난만한 표정을 지으며 '어묵은 생선살로 만들어요?' 하고 묻는 것이 시치미 떼기다. 이미 아는 지식을 모른다고 거짓말을 할 수도 없고, 그렇다고 잘 알고 있다고 밝히기도 거북한 상황에서는 도코로 씨처럼 지식과 말을 아끼고 모아두는 것이 정답이 아닐까 싶다.

도코로 씨의 술술 대화법을 좀 더 소개하자면, 그는 어떤 화제라도 상대방의 코멘트를 열린 마음으로 받아들이고, '예를 들면 그건 이런 것인가요?' 하며 구체적으로 콕 찍어서 한 번 더 물어주기 때문에 코멘트가 붕 뜨지 않는다. 말하는 게스트도 마음 놓고 발언할 수 있다.

방송 프로그램에서 '생선'이라는 단어가 이슈가 된 적이 있는데, "술안주를 일본어로 '사카나さかな'라고 하지요. 그런데 생선도 '사카나'라고 불러요. 물론 한자는 서로 다르지만요. 술안주와 생선을 왜 똑같이 사카나라고 부르는지 갑자기 궁금해지네요" 하며 도코로 씨가 운을 뗐다. 그 이유를 알고 있었던 나는 "원래 술안주의 '사카나'가 먼저였던 것 같아요. 술안주, 즉 술과 함께 나오는 반찬에 생선이 자주 오르니까 그 생선도 사카나라고 부르게 되었다고 해요"라며 설명을 곁들었다. 그러자 도코로 씨는 "아하, 그렇군요. 그럼 생선이 되기 전에 물고기를 뭐라고 불렀을까요?" 하고 이야깃거리를 더 풍성하게 만들어주었다. "물고기는 일본어로 '우오ぅぁ'이지요" 하고 내가 대답하자 "우와!" 하며 그는 분위기를 한층 띄웠다.

당시에는 내가 마침 '생선', '물고기'라는 단어의 유래를 알고 있어서 곧바로 대답했지만, 사실 도코로 씨는 나에게 질문을 던진 것이 아니었다. 그 자리에 있는 방청객을 향해 '그럼 뭐라고 할까요?' 하고 물음표를 던진 것이다. 만약 특정 게스트에게 물었을 때 그 사람이 '잘 모르겠는데요' 하고 대답하는 순간, 대화가 끊어질 뿐더러 그 게스트가 당황해할 수도 있다. 그러니 고수인 도코로 씨는 그런 하수의 질문을 하지 않는다. 대화의 자리에 참석한 모든 사람이 궁금증을 공유할 수 있도록 화제를 끌어나가고 대답할 수 있는 사람이 있으면 정답을 듣는다. 만약 개그맨이 정답과는 거리가 먼, 재미난 대답을 했다면 그것으로도 충분히 의미가 있다. 도코로 씨는 그런 여유와 여백을 남기면서 대화를 이끌어가는 진정한 고수인 것이다.

한편 게스트가 어려운 이야기를 하거나 모호하게 둘러말해서 이해하기 어려울 때는 "예를 들면 그건 이런 의미일까요?" 하며 산만한 코멘트를 핵심만 추려서 깔끔하게 정리해준다.

이는 지식이 풍부하고 재치 있는 사람의 말솜씨인데, 도코로 씨는 일부러 똑똑하게 보이려고 애쓰는 것이 아니라 술술 대화를 전혀 티 나지 않게 이어나간다는 점에서 더 돋보이는 달변가가 아닐까 싶다. 게다가 힘겹게 용쓰는 표정 없이, 편안하게 대화를 끌어가다 보니 주위 사람도 기분 좋게 대화를 할 수 있는 것 같다.

풍부한 지식과 안정감 있는 대화를 이끌어간다는 점에서는 일본의 코미디언이자 영화배우인 고사카이 가즈키小堺一機(1956~)도 소개하고 싶은 달인이다. 그가 진행하는 방송 프로그램을 보면, 게스트가 더 흥겹게 말할 수 있도록 진행자인 자신은 확실하게 반응을 보이면서 훌륭한 청자가 된다. 상대방이 어떤 이야기를 해도 공감해주고 재미난 일화까지 곁들여준다. 꼬리에 꼬리를 물고 화젯거리를 더 풍성하게 만들어주기 때문에 고사카이 씨와 나누는 대화에서는 이야기꽃이 시들지 않는다.

안정감이라고 하면 일본을 대표하는 국민 희극배우로 남녀노소 누구에게나 사랑받고 있는 우치무라 데루요시內村光良(1964~)도 마찬가지다. 출연자 한 사람 한 사람의 코멘트에 귀를 기울이며 뜨겁게 호응해준다. 나처럼 유머와는 거리가 먼 사람은 우치무라 씨가 진행한다는 사실 하나만으로도 콧노래가 절로 나올 정도로 신이 난다.

지식이나 정보를 충분히 갖추고 있다면, 해당 주제와 관련해 구체적인 일화를 제시하며 이야깃거리를 드넓게 펼쳐나갈 수 있다. 더욱이 자기 자랑처럼 떠벌리는 것이 아니라 자연스럽게 일화를 곁들임으로써 대화의 장을 풍성하게 만드는 사람은 지식과 언어력을 두루 갖춘, 누구나 닮고 싶어 하는 C 유형 중에서 으뜸이라고 말할 수 있다.

꽉 막혔을 때는 느낌대로 말한다

D 유형, 즉 잘 모르는 화제라도 그때그때 형편에 맞게 대화를 술술 풀어가는 안성맞춤의 달인으로는 일본의 가수이자 탤런트인 무라카미 신고村上信五(1982~)를 꼽을 수 있다. 무라카미 씨가 방송에서 말하는 모습을 보고 있으면 모르는 내용은 "잘 모르겠는데요", 이해되지 않는 부분은 "잘 이해되지 않네요" 하고 솔직하게 얘기한다. 하지만 곧바로 "그건 어떤 건가요? 가르쳐주세요, 알려주세요" 하고 물어보는 타이밍이 절묘하다.

무라카미 씨의 구수한 사투리도 효과를 더할 테지만 말에 진심을 담는 능력이 탁월하다. 모르는 것을 안다고 속이지 않고, 모르면 모르는 대로 분위기를 이어나가는 힘이 있다. 소리 없이 상대방의 마음을 파고들어 '이 사람에게 가르쳐주고 싶다, 말해주고 싶다'는 생각을 절로 품게 한다. 지식이나 정보가 부족하더라도 대화가 술술 이어지는 것은 무라카미 씨의 센스 있는 임기응변 덕분이다.

일본의 국민 아이돌 그룹 'SMAP'의 멤버로 활동했던 나카이 마사히로中居正広(1972~) 역시 D에 속하는 안성맞춤형 달변가다. 다양한 매체에서 MC로 활동하고 있는 나카이 씨는 사소한 궁금 증이라도 스스럼없이 질문함으로써 이야기를 흥미롭게 이어나 간다. 잘 모르는 내용을 물을 때도 단순히 '잘 몰라서 그러는데 요' 식으로 질문하지 않고, "그건 이것과 같은 건가요?" 하며 깨 알 정보를 덧붙이는 질문법을 자유자재로 구사한다. 요컨대 자신 이 모르는 것을 오히려 무기로 삼는 화술이 무릎을 치게 만드는 것이다.

어떤 화제든 유머를 잃지 않는 여유도 나카이 씨의 말솜씨를 더욱 빛나게 한다. 대개 녹화방송에서는 편집되는 시간이 압도적 으로 많은데, 그는 장면 하나하나에 온 힘을 기울인다. 대화의 자 리에서 내뿜는 에너지가 정말 대단한 달인이다. 이처럼 매 순간 정성을 다하는 성실함도 방송 진행자로서의 매력 포인트가 아닐 까 싶다.

한편 무라카미 씨, 나카이 씨와는 또 다른 의미에서 D 유형에 속하는 달인이 있는데, 일본의 코미디언인 오카다 게이스케岡田圭

右(1968~)다.

예전에 연예인들이 하나의 주제를 정해서 프레젠테이션을 하는 TV 프로그램이 있었는데, 나는 그 심사위원으로 방송에 참여했고, 오카다 씨는 프레젠테이션을 하는 발표자로 출연했다. 많은 연예인들이 전문가를 능가하는 정보력을 뽐냈지만, 심사위원들에게 가장 큰 박수를 받은 발표자는 오카다 씨였다. 그가 준비한 주제는 '판다의 임신 확률'이었다. 판다의 번식기는 365일 중 사흘 정도밖에 되지 않고, 심지어 1년 중 번식 가능한 날이 딱 하루인 경우도 있다고 한다. 게다가 자손을 남길 수 있는 수컷 판다가 정해져 있어서 이를 '꽃미남 판다'라고 부르며, 꽃미남 판다는 암컷 판다에게 어떻게 다가가야 하는지를 정확하게 꿰뚫고 있다는 것이 정보의 전부였다.

다소 부족한 정보량이지만 오카다 씨는 몸과 마음을 다해서 성심성의껏 프레젠테이션을 했다. 정보를 자신의 것으로 체화해서 이를 자신만의 언어와 몸으로 표현했다. 따라서 보고 있는 쪽도 눈을 뗄 수 없다. 정보의 가치 이상으로 오카다 씨의 전달력이 돋보였던 셈이다. 자신이 알고 있는 지식 보따리를 진심으로 즐겁게 술술 풀어나갔다. 모르는 부분은 '더 이상 나에게 묻지 마세요!'라고 당당하게 선포하듯, 숨도 쉬지 않고 발표를 이어나갔다. 하지만 오카다 씨의 넘치는 열정은 정보량 이상으로 인상적

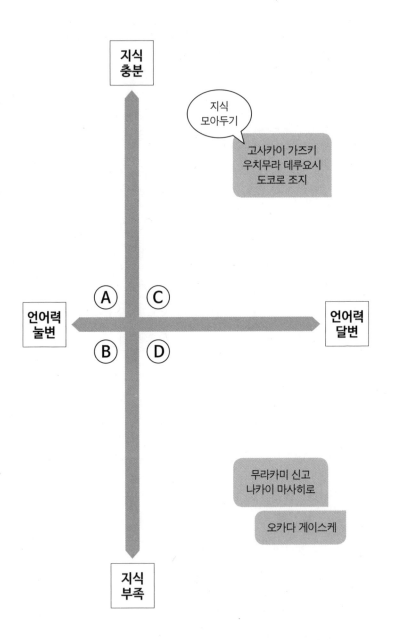

이었다. 지식과 정보는 부족해도 표현하는 단어에서 풍기는 진심이 그 자리를 후끈 달아오르게 했다. 그 프레젠테이션은 힘이 넘쳤다.

오카다 씨는 토크쇼에서도 톡톡 튀는 감각과 뜨거운 에너지로 대화의 자리를 흥겨운 잔칫집으로 만든다. 모르는 사실이 나오면, "어머나?!" 하고 화들짝 놀라면서 상대방의 말을 자연스럽게 끌어낸다.

지금까지 소개한 달인들의 이야기를 살펴보면 지식의 깊이는 크게 중요하지 않은 것 같다. 모르면 물어보면 되고, 또 배우면 된다. 그리고 마지막에는 맞장구로 분위기를 고조시킨다. 물어보고 맞장구치는 것만으로도 충분히 무난하게 대화를 풀어갈 수 있다.

꽉 막혔을 때는 느낌대로 말하며, 화끈한 반응을 보여 얼어붙은 공기를 훈훈하게 데운다!

항상 진지하게 생각하는 사람의 화법과 그때그때 적절하게 말하는 사람의 화법을 두루 알아두면 자신이 갈고닦아야 할 대화의 기술이 얼추 정해질 것이다.

제3장

교양을 두 배로
늘려주는
막강
아웃풋

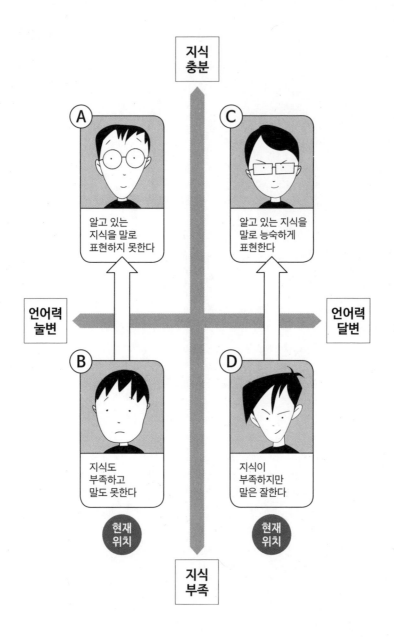

우리는 매일 망각곡선과 싸우고 있다

앞에서도 소개했지만 교양이 부족한 사람은 다양한 방법으로 정보와 지식을 늘림으로써 교양인으로 거듭날 수 있다.

'지식과 언어의 매트릭스' 그림에서 '지식도 부족하고 말도 못 하는 사람'(B)은 지식의 양과 깊이를 차곡차곡 쌓아 A 유형으로, A에서 더 나아가 언어력을 갈고닦으면 목표로 하는 C에 도달할 수 있다. '지식이 부족하지만 말은 잘하는 사람'(D)도 지식량이 증가하면 가장 바람직한 유형인 C로 발전할 수 있다.

따라서 제3장에서는 언어력과 떼려야 뗄 수 없는 교양을 어떻게 높이는지 그 방법을 알아보고자 한다.

나는 중학교, 고등학교를 거쳐 대학교까지 마음이 통하는 이른바 '절친'과 매일 몇 시간씩 이야기를 나누곤 했다. 주로 서로 읽은 책에 관한 이야기였다. 덕분에 내가 읽은 책뿐 아니라 친구가 읽은 책의 내용까지 속속들이 알 수 있었다. 그야말로 일거양득이었다.

무엇보다 친구와 이야기를 나누면서 가장 좋았던 점은 머릿속에 입력된 지식을 곁에 있는 친구에게 출력함으로써 그 지식이 더욱 공고해졌다는 사실이다. 내가 신나서 떠든 책 줄거리는 몇십 년이 지난 지금도 잊지 않고 있다. 대학교 1학년 때 읽고 이야기한, 독일의 사회학자이자 경제학자인 막스 베버Max Weber(1864~1920)의 『프로테스탄티즘의 윤리와 자본주의 정신』이라는 책은 지금도 또렷이 기억하고 있어서 그 내용을 설명할 수 있다. 반면 친구에게 이야기하지 않은 책은 읽었던 기억은 있지만 줄거리는 가물가물하다.

'에빙하우스의 망각곡선'이라는 이론이 있다. 독일의 심리학자인 헤르만 에빙하우스Hermann Ebbinghaus(1850~1909)가 시간의 경과에 따라 달라지는 기억(망각) 정도의 변화를 그래프로 제시한 이론으로, 실험을 통해 20분 후에는 42퍼센트를 망각하고 한 시간 후에는 56퍼센트, 하루 뒤에는 74퍼센트를 잊는다는 결과를 얻었다. 이 이론에 따르면 어렵사리 기억했더라도 한 시간 뒤에는 학습한

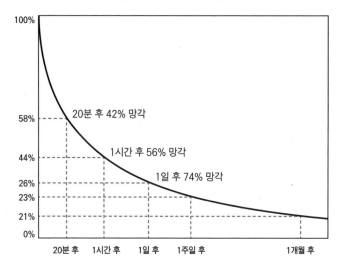

에빙하우스의 망각곡선

내용 중 절반 이상이 망각의 강으로 흘러가는 셈이다.

나는 이 그래프를 볼 때마다 초등학교에 갓 입학한 아이들에게 '망각곡선'을 소개하고 싶다는 생각을 떠올린다. 부모나 교사가 복습의 중요성을 거듭 말하기보다 아이들 스스로 그림을 보면서 '어머나, 수업 시간에 배운 내용을 이렇게 깡그리 까먹는구나!' 하는 사실을 실감한다면 애써 잔소리하지 않아도 알아서 복습할 테니까 말이다.

우리는 지금 이 순간에도 망각곡선과 힘겹게 싸우고 있다. 따라서 기억한 직후 혹은 적어도 하루가 지나기 전에, 기억의 신선도가 비교적 높을 때 머릿속에 입력한 내용을 정착시키려고 노력해야 한다.

이때 기억 정착에 도움이 되는 것이 말로 표현하는 '언어화'다. 요컨대 적극적인 아웃풋이다. 내 경험담에서 말하자면, 책을 읽고 난 직후 친구에게 말한 『프로테스탄티즘의 윤리와 자본주의 정신』의 줄거리는 처음 완독하고 나서 30년이 지난 지금도 기억한다는 점에서 인풋과 동시에 아웃풋하는 일은 매우 효과적이라고 할 수 있다.

교직을 업으로 삼으면서 알게 된 사실은 수업 시간에 내가 말한 내용은 좀처럼 잊지 않는다는 점이다. 이것도 아웃풋의 효과가 아닐까 싶다. 설령 벼락치기로 준비했더라도 교단에 서서 설명한 내용은 거의 잊어버리지 않는다. 1년 뒤에 같은 수업을 해도 자신 있게 말할 수 있을 정도다. 어떤 방법으로 입력했느냐는 크게 문제되지 않는다. 그보다 입력과 함께 출력을 하면 지식의 정착률이 높아진다.

다만 단순히 테스트를 위한 벼락치기 공부라면 이야기가 달라진다. 시험이 끝나는 순간 밤새 암기한 내용을 '싹' 잊어버린 경험이 한 번쯤은 있을 것이다. 시험문제에서 정답을 골라내는 것은 지금 내가 말하는 아웃풋과 전혀 다르다. 기억한 내용을 그대로 출력하는 것이 아니라 질문에 대한 답만 작성할 뿐, 전후 맥락은 전혀 상관이 없다. 따라서 점수만 따기 위한 단순 지식은 머릿속에서 단기 기억으로 잠시 머물다가 곧바로 망각의 저편으로 사라지는 것이다.

똑같은 하룻밤 공부라도 교사는 직업으로서의 책임감과 입력한 모든 내용을 출력해야 한다는 긴장감이 학생과는 사뭇 다를 테고, 이와 발맞추어 결과물도 학생의 벼락치기와는 큰 차이를 낳는다.

나는 20년 이상 대학의 교직과정 수업을 담당하며 매년 학생들을 교육실습생으로 중·고등학교에 보내고 있다. 교육실습 기간에는 해당 학교의 지침에 따라 수업을 진행하기 때문에 지리학을 전공한 학생이라도 갑자기 사회과 수업을 맡는 경우가 종종 생긴다. 이때 그 교육실습생은 자신의 전공과목이 아니더라도 온 힘을 다해 실습수업을 준비한다. 하룻밤 벼락치기가 아니라 1주일 벼락치기인 셈이다. 이렇게 열심히 준비해서 무사히 수업을 마친 뒤에는 설령 생소한 분야라도 온전히 자신의 것으로 머릿속에 고스란히 쌓인다. 다음에 같은 수업을 부탁해도 크게 힘들이지 않고 해낼 수 있다. 그야말로 아웃풋의 신비로운 조화가 아닐까.

공부한 내용은 남에게 설명함으로써 자신의 지식으로 완벽하게 저장할 수 있다.

즉 가르치는 자리에 서면 확실히 익히게 된다. 언어화 과정을 통해 망각곡선의 기울기를 완만하게 늦출 수 있으므로 터득한 지식을 바로 이야기하는 쪽이 바람직하다.

정보와 지식을 싱싱한 생선회로 여기고 생선이 상하기 전에 빨리 많은 사람들에게 대접하는 것이다. 이런 느낌으로 지식을 다루면 아웃풋으로 인풋의 효과를 두 배로 늘릴 수 있다.

자신이 알고 있는 지식을 밖으로 출력하면 그만큼 지식량이 줄어든다고 생각할지 모르지만, 이는 명백한 오해다. 오히려 타인의 지식을 듣고 있는 사람은 망각곡선에 따라 순식간에 잊어버리지만 지식을 설명하는 사람은 장기 기억으로 머릿속에 안착시킬 수 있기 때문에 정보와 지식을 출력하는 쪽이 훨씬 이득이다.

게다가 자신이 갖고 있는 지식을 출력하면 새로운 아이디어를 더 많이 짜낼 수 있다. 이는 '사이버네틱스cybernetics(생물 및 기계를 포함하는 모든 유형의 시스템을 대상으로 통신, 제어, 정보처리의 문제를 종합적으로 연구하는 학문)' 이론을 창시한 미국의 수학자 노버트 위너Norbert Wiener (1894~1964)의 일화를 책으로 접하고서 새삼 공감한 사실이다.

천재 수학자인 위너는 산책을 하다가도 마주치는 사람들에게 자신의 지식이나 아이디어를 이야기했다고 한다. 말하면 말할수록 새로운 아이디어가 샘솟고, 하나의 아이디어를 말하면 또 다른 아이디어가 떠올랐다고 고백하는 위너의 일화를 읽고 나는 아웃풋의 효과를 재확인했다.

다만 소설을 쓰거나 물건을 만드는, 무에서 유를 창조하는 창작 활동에서는 말을 너무 많이 하면 자신의 소중한 아이디어가 도용될 우려도 있으므로 각별히 조심해야 할 것이다.

특별한 상황이 아닌 일상생활에서는 친구와 말할 때 "맞아, 며칠 전에 신문에서 봤는데 말이야" 하는 식으로 습득한 정보를 스스럼없이 이야기하다 보면 교양을 늘리는 대화 공간이 자연스럽게 형성될 수 있다.

이런 출력이 제대로 기능하지 않는 이유는 오늘날의 학교 교육이 아웃풋에 소극적이라는 점에서 찾을 수 있을지도 모른다. 인풋에 지나치게 치중한 결과, 인풋의 정착이 오히려 부실해졌다는 모순이 생겨난 것이다.

언어화는 실전이 중요하다

지식이나 정보를 언어로 표출하는 아웃풋은 스포츠와 흡사하다. 스포츠의 세계에서는 경기에 많이 출전한 사람일수록 실력이 쑥쑥 쌓인다. 물론 연습도 중요하지만 실전의 긴장감이나 경기 감각은 실제 경기를 치러보지 않으면 익힐 수 없는 역량이다.

프로야구 선수는 시즌 내내 거의 매일같이 경기를 치르기 때문에 실력이 날로 늘게 마련이다. 수시로 링에 오르는 격투기 선수도 게임을 통해 체력이 단련된다.

반면에 오랫동안 경기에 출전하지 않던 선수가 간만에 등장하면 실전 감각을 상실해서 기량을 충분히 발휘하지 못하는 경우가 많다. 따라서 운동선수에게는 항상 경기에 임하는 실전이 매우 중요하다.

마찬가지로 지식을 단련한다는 측면에서 친구 혹은 지인과 교양을 나누는 대화가 삼백예순날 필요하다. 앞서 소개했듯이 나는 중학교 시절부터 책이나 영화는 물론이고 내 머릿속에 입력한 모든 것을 친구와 이야기하며 공유했다. 상·하권으로 이루어진 두꺼운 벽돌 책은 상권과 하권을 둘이서 나누어 읽고 내용을 합체하여 이해한 적도 있었다. 책을 읽었다는 사실보다 책의 알맹이를 자신의 것으로 온전히 만드는 쪽이 훨씬 의미 있는 일이다.

원래 친구라는 존재는 함께함으로써 같이 성장해야 한다. 이와 같은 취지에서 독일의 철학자 프리드리히 니체Friedrich Nietzsche (1844~1900)는 서로 동반 성장하지 못한다면 친구라고 불러서는 안 된다고 힘주어 말하기도 했다.

하지만 대부분의 사람들은 교양이 필요하다거나 지식이 중요하다는 사실을 잘 알고 있으면서도 가장 효과적인 습득 방법인 대화는 좀처럼 떠올리지 않는다. 운동선수가 매일 실전에 참가하듯 자신이 배우고 익힌 내용을 바로바로 남에게 표현하는, 말하기 중심의 지식 단련법은 반드시 필요하다.

이와 같은 '써먹으면서 암기하는' 기억법이 좀 더 널리 알려졌으면 한다. 정보와 지식의 활용, 아웃풋을 전제로 하면 기억할 때부터 기분 좋은 긴장감을 갖고 임할 수 있다. 책을 읽더라도, 텔레비전을 보더라도 '이 대사 어디에 써먹을까?' 하고 활용 방법을 떠올린다면 잊어버리지 않는다. 책을 읽고 나서 감상이나 의견을 SNS에 올리는 '숙제'를 스스로에게 내준다면 의외로 꾸준히 할 수 있다.

지금은 어엿한 교사로 학급을 책임지고 있는 제자가 나에게 이런 경험담을 들려주었다.

"처음에 담임을 맡았을 때 1주일에 한 번씩 발행하는 학급 통신을 시작했습니다. 1주일에 한 번이라면 충분히 쓸 수 있을 거라고 생각했는데, 막상 해보니 꾸준히 계속하기가 쉽지 않더라고요. 내 스스로 기획한 일이니까 읽을거리도 풍성하게 준비하고 싶었죠. 그러다 보니 글을 쓰기도 전에 잔뜩 긴장하게 되었고요. 그 과정에서 너무 부담스럽고 힘드니까 그냥 그만둘까 하는 생각도 했습니다. 하지만 생각을 조금 바꿔서 1주일에 한 번이 아니라 매일매일 학급 통신을 만들어보자고 결심했어요. 그랬더니 오히려 부족한 시간 덕에 오래 고민하지 않고 '그냥, 그냥' 할 수밖에 없었어요. 생각이 날 때마다 끄적거렸더니 훨씬 마음이 편해지더라고요. 그렇게 몇 년째 계속하고 있습니다."

'1주일에 한 번이 힘드니까 차라리 매일 하자'는 발상의 전환에 뜨거운 박수를 쳐주고 싶다. 제자들의 이런 성공담을 들으면, 강의 시간에 득달같이 몰아붙이며 아웃풋을 단련시킨 보람이 있는 것 같아서 흐뭇하다. 미담의 주인공인 제자는 매일 아웃풋을 해야 한다고 결심한 순간, 인풋의 의욕이 샘솟았다고 한다. 이것도 아웃풋의 오묘한 효능이다.

요컨대 미리 아웃풋을 떠올리면 인풋의 정확도와 충실도가 높아진다. 출력할 내용만 입력하겠다고 결정하면 애초부터 출력할 가치가 있는 정보만 모으려고 노력하기 때문이다.

인간에게 주어진 시간은 유한하지만 정보는 무한하다. 따라서 무작정 입력 정보를 줄이기보다 처음부터 정보를 필터링해서 입력하는 방법이 더 효과적이다. 이때 여과지에 해당하는 것이 '아웃풋의 여부'라는 기준인 셈이다.

나는 잡담거리가 될 만한 우스개는 출력을 전제로 입력한다. 유머는 어떤 상황에서도 분위기를 부드럽게 녹여주기 때문에 알아두면 요긴하게 써먹을 수 있는 정보다. 인풋한 유머는 곧바로 수업이나 강연 시간에 아웃풋해서 분위기를 띄운다. 인풋한 내용은 반드시 활용하겠다고 마음먹으면 여러모로 낭비를 줄일 수 있다. 정보도 지식도 써먹어야 비로소 가치가 있을 테니까 말이다.

인용의 힘은 대대손손 전해 내려오는 교양이다

입력한 내용을 출력할 때 중요한 역량으로 꼽히는 것이 '인용의 힘'이다. 일화나 명언, 명대사 등을 인용하는 힘과 센스를 갈고닦음으로써 아웃풋의 질도 높아진다.

특히 대대손손 전해 내려오는 교양은 인용의 힘, 곧 '인용력'과 떼려야 뗄 수 없는 관계였다. 얼마나 폭넓게, 그리고 제대로 인용할 수 있느냐가 교양의 유무를 결정했다고 해도 무방하다. 이를테면 옛날 옛적 문인들은 누군가가 새로운 시를 읊으면 '그건 ○○파 한시와 비슷하군요!' 하며 바로 알아주는 것이 교양이었다. 수많은 한시를 암송하고 이를 자신의 시에 활용하며, 또 듣고 있는 사람은 어떤 시풍인지 꿰뚫어보는 것이 풍류를 아는 교양인의 놀이였던 것이다.

원래 문화란 인용이 켜켜이 쌓인 축적물이다. 인용에서 또 다른 인용으로 문화는 계승되고 발전해왔다. 여기에서 유념해야 할 점은 인용과 '복사 후 붙여넣기'는 전혀 다르다는 점이다. 논문에서 자료를 인용할 때는 주를 달고 정확한 출처와 함께 인용 구절임을 확실하게 밝힌다. 옛 조상들이 읊은 '시작詩作'도 오리지널 시를 알고 있어야 성립이 되는 놀이이므로 인용의 또 다른 묘미라고 말할 수 있다. 반면에 정확한 원문을 모르는 '복사 후 붙여넣기'는 바탕글에 그대로 붙여넣는 것으로, 이는 인용이 아니라 명백한 도용이다.

인용에는 몇 가지 단계가 있는데 가장 높은 정확도를 요구하는 것이 '암송'이다. 암송은 원문을 보지 않고 모든 문장을 입으로 줄줄 외워 읊는 것으로 재생 능력이 가장 높다.

2009년에 종교학자이자 문화인류학자인 가마타 도지鎌田東二 (1951~) 선생이 『초역 고지키超譯 古事記』라는 책을 출간했다. 712년에 오노 야스마로太安万侶(?~723)가 편찬한 『고지키古事記』는 고대 일본의 신화와 전설 및 사적을 기술한 책으로 일본에서 가장 오래된 역사서이기도 하다. 한편 『초역 고지키』는 '초역超譯'이라는 제목에서도 알 수 있듯이, 가마타 선생이 한 편의 서사시로 느낀 일본 탄생의 신화를 있는 그대로 읊어보고 싶다는 바람으로 아무것도 보지 않고 난해한 『고지키』를 읽기 쉽고 이해하기 쉽게 구술하고 이를 한 권의 책으로 엮은 작품이다. 아무것도 보지 않고 읊었다는 것은 가마타 선생이 『고지키』의 전문을 암기했다는 이야기다. 애초에 『고지키』 자체가 입에서 입으로 전해 내려오는 구비

문학에 기원을 두고 있으므로 가마타 선생의 암송과 궁합이 척척 맞았을 것이다. 배운 것, 들은 바를 100퍼센트의 정확도로 재생하는 것이 암송이므로 가마타 선생은 완벽한 암송을 몸소 실천한 셈이다. 이처럼 인간은 노력 여하에 따라 암송 능력을 충분히 발휘할 수 있다.

인간의 암송 능력을 증명하는 또 하나의 사례로『몽골리안 일만년의 지혜The Walking People: a Native American Oral History』라는 책을 소개하고 싶다. 이 책은 북아시아에서 베링 해를 건너 아메리카에 정착한 북아메리카 원주민의 노래를 이로쿼이족의 후예인 폴라 언더우드Paula Underwood(1932~2000)가 어린 시절 아버지와 그 아버지에게 전해 듣고 현대의 언어로 풀어낸, 세계에서 가장 긴 구전문학이다. 베링 해협이 육지와 붙어 있던 빙하기 말기, 북아시아에서 베링 육교를 넘어 북미로 건너간 사람들의 기록으로, 이야기는 모두 입에서 입으로 1만 년을 전해 내려왔다. 한 부족의 기나긴 여정이 1만 년 동안 정확히 구전되어왔다는 사실이 놀라울 따름이다. 아울러 인간의 뛰어난 암송 능력에 혀를 내두를 정도다. 귓속말 전달하기를 할 때 다섯 번째 사람쯤 되면 처음 정보가 흔적도 없이 사라지는 오늘날의 놀이와는 차원이 다르다.

생각해보면, 일본 전통 가면 음악극인 '노가쿠能楽'의 세계에서는 노가쿠의 기틀을 완성한 제아미世阿弥(1363~1443) 이후 연기 하나

하나가 모두 구전되어온 셈이다. 스승의 말을 그대로 기억하고, 동작도 스승이 움직이는 대로 따라 하면서 통째로 암기한다. 지금처럼 녹음하는 기술도 없었기 때문에 후세에 예술을 전달하는 방법은 구전밖에 없었다. 입으로 전해진 내용을 지식으로 축적하고 무대에서 고스란히 펼친다. 다음 세대에도 역시 입으로 전해지고, 이것이 600년 이상이나 이어진 것이다.

얼마 전에 일본의 아동문학가인 사이토 류스케斎藤隆介(1917~1985)의 『하치로八郎』를 암송하는 수업을 견학 간 적이 있다. 『하치로』는 일본 아키타 현에 위치한 하치로 호수의 유래에 얽힌 그림책으로, 본문 전체가 아키타 지방의 사투리로 이루어진 작품이다. 초등학교 교과서로 치자면 15페이지 정도의 분량인데, 이를 오사카의 어느 초등학교 3학년 학생들이 매일 아침 조회 시간에 20분 동안 외워나가는 방식으로 마지막에는 학급 전원이 『하치로』 전문을 암송하게 되었다고 한다.

"옛날 옛적 아키타 마을에 하치로라는 산사내가 살았다는구면. 산사내라는 이름맨치로 하치로는 키가 억수로 컸다는구면. 고로코롬 떡갈나무만치 했다나."

이런 느낌으로 시작하는 그림책은 마지막 구절까지 요즘 아이들에게 낯선 사투리가 등장한다. 소리 내어 읽기도 버거운 사투리를 보지도 않고 입으로 줄줄 외우는 아이들이 정말 대단하다

싶었지만, 한편으로는 목표를 정해서 집중하면 익숙하지 않은 언어라도 기억할 수 있다는, 인간의 암송 능력을 증명하는 것 같아서 무척이나 흐뭇했다.

어쩌면 현대인은 기록 매체에 지나치게 의존하고 있는지도 모른다. 그런 탓에 타고난 암기 능력이 퇴화하고 있다면 참으로 안타까운 일이 아닐까. 어린 시절 학교에서 동시나 동요를 따라 하며 부지런히 외운 추억은 누구나 간직하고 있을 것이다. 어른이 되어서도 애창하는 노래를 외워 부르거나 좋아하는 시를 외워 읊으며 암송 능력을 꾸준히 단련했으면 한다.

필요는 암기의 어머니

일본 최초의 TV 방송 탤런트이자 「데쓰코의 방徹子の部屋」이라는 1인 토크쇼 프로그램을 40년 넘게 진행하며 방송계의 살아 있는 전설로 통하는 구로야나기 데쓰코黑柳徹子(1933~) 선생을 연극이 끝나고 분장실에서 만난 적이 있다. 선생은 지금까지 공연한 무대에서 단 한 번도 대사를 틀리거나 어물쩍 뭉갠 적이 없다고 했다. 대사를 까먹은 적이 없다는 선생의 이야기에 눈이 휘둥그레질 정도로 놀랐던 기억이 지금도 또렷하다. 어떤 무대에서는

2,000행 정도의 대사를 읊는 배역을 맡았는데, 그때도 모든 구절을 완벽하게 외웠다고 한다. 구로야나기 선생은 여든을 훌쩍 넘은 나이에도 여전히 에너지 넘치게 말하고 10초에 한 번꼴로 관객에게 웃음을 선사한다. 방대한 대사를 줄줄 읊을 뿐만 아니라 위트 넘치는 화법을 구사하는 선생의 모습을 보면 철의 여인이면서 동시에 천재 배우라는 단어가 절로 떠오른다.

일본의 가수이자 연출가, 배우로 다방면에서 활동하고 있는 미와 아키히로美輪明宏(1935~) 선생은 일상적인 대화에서 잘 쓰지 않는 예스러운 말투를 전혀 어색하지 않게 구사하는 모습이 매우 독특하면서도 매력적이다. 무대에 오르는 배우라면 수많은 대사를 외우고 언어에 감정을 실어서 연기로 표현해야 한다. 너무 긴장한 나머지 갑자기 대사를 잊어버릴지 모른다는 불안감에 휩싸이면서도 묵묵히 자신의 길을 걸어가는 것이다. 나는 그런 대배우를 진심으로 존경한다.

예전에 고정 주연배우가 갑자기 하차하는 바람에 대역인 미야자와 리에宮沢りえ(1973~) 씨가 거의 며칠 만에 모든 대사를 외우고 연극 무대에 올랐다는 소식을 접한 적이 있다. 그 자체가 훌륭한 재능이라고 생각했는데, 원래 미야자와 씨는 암기에 강한 사람이 아니었다고 한다. 암기를 잘하든 못하든, 필요하니까 죽기 살기로 외우고 또 외웠던 것이다.

애초부터 암기·암송을 잘하는 사람, 못하는 사람이 정해져 있는 것이 아니라 필요함과 간절함에 따라 '하느냐, 하지 않느냐'로 구분되는 것이 아닐까?

평론가이자 영문학자인 와타나베 쇼이치渡部昇一(1930~2017) 선생은 독일에서 박사학위를 받고 학자의 길로 접어들자마자 다시 영국으로 유학을 떠났다. 본고장에서 영문학을 심도 있게 공부하기 위해 유학길에 올랐지만, 영국 옥스퍼드 대학교에서 1년 동안 한 일은 영문 암송이었다고 한다. '일본에서도 할 수 있는 암송을 굳이 여기까지 와서……' 하는 의구심을 품으면서 1년을 보내고, 2년째는 문학 공부를 본격적으로 하는 줄 알았는데 역시 영문을 외워 읊는 낭송 위주로 수업이 진행되었다. 과연 암송이 무슨 의미가 있을까 생각하면서도 어렵게 유학을 왔으니 크게 소리 내어 읽으며 열심히 외웠다고 한다.

몇십 년이 지나고 새삼 돌이켜보니 유학 시절에 가장 도움이 된 공부는 암송 수업이었다고 선생은 고백한다. 외워서 익힌 공부는 몇십 년이 지나도 살아 있는 지식으로 가슴 깊이 남아 있었던 것이다. 이처럼 암송은 그 자체로도 의미 있는 일이자 탄탄한 지식으로 정착시켜주는 일등공신이다.

'논어를 읽었지만 논어를 모른다'는 말이 있다. 이는 『논어』라는 책을 읽었지만 정작 책 내용을 제대로 활용하지 못한다는 뜻

이다. 일본의 계몽사상가인 후쿠자와 유키치의 대표작인 『학문을 권함學問のすすめ』에는 '학문은 도쿄에 두고 왔다'는 학생의 이야기가 실려 있다. 도쿄에 '학문=책'을 두고 왔기에 지금 여기에서는 아무것도 말할 수 없다는 것이다. 이 두 가지 이야기는 모처럼 익힌 지식을 살리지 못하는 대표적인 사례라고 말할 수 있다.

요즘은 인터넷으로 세상의 모든 지식을 찾아볼 수 있는 시대다. 검색하면 바로 알 수 있는데 굳이 기억할 필요가 있느냐고 반문하는 사람도 많겠지만, 병원 진료실에서 의사가 명쾌한 설명 대신 인터넷 자료를 더듬더듬 찾으면서 진찰한다면 환자는 불안감에 휩싸이지 않을까. 그도 그럴 것이 검색 지식은 프로페셔널이 아닌, 아마추어로 보이기 때문이다.

펄떡펄떡 살아 있는 지식을 배워 익히고, 그 지식을 자유자재로 활용하는 일이 지성이나 교양 수준을 높이는 데 반드시 필요하다. 이때 암송을 통한 기억은 생생한 지식을 머릿속에 단단히 갈무리해두는 가장 효과적인 방법인 셈이다.

'암송이야말로 교양이다'라고 말해도 과언이 아닐 정도로 문학 암송이 전 세계에 뿌리내려 있다. 프랑스에서는 전통 시부터 빅토르 위고Victor Hugo(1802~1885)의 장편소설까지 낭송하고 이탈리아에서는 단테Dante(1265~1321)의 『신곡』, 영국에서는 윌리엄 셰익스피어William Shakespeare(1564~1616)의 작품을 외워 읊는다.

예로부터 일본에서도 공자孔子(기원전 551~기원전 479)의 『논어』를 소리 내어 읽으며 암송했다.

암송 습관을 들이는 데 추천하고 싶은 방법이 시 낭송이다. 특히 옛시조는 짤막한 글에 그윽한 감성이 함축된 품격 있는 문화로, 고품격 언어를 암송함으로써 언어의 본질이 자연스레 몸에 스며들게 된다.

일본 고유의 짧은 정형시인 하이쿠俳句는 5·7·5의 3구句, 17자字로 암송의 세계에서 매우 유용하다. 수많은 하이쿠 시인 중에서 마쓰오 바쇼松尾芭蕉(1644~1694)는 독특한 시풍을 확립하여 하이쿠를 예술의 경지로 끌어올린 하이쿠의 완성자다.

거친 바다에

사도로 드러누운

은하수 하늘

이는 대담하고 광활한 시점이 돋보이는 마쓰오 바쇼의 유명한 하이쿠이다. 거친 바다 저편으로 사도佐渡라는 섬이 보이고, 문득 고개를 들어 시선을 하늘로 향하자 가을밤 하늘에 은하수가 펼쳐진 풍경을 표현한 서정시다. 거친 바다를 보면서도 하늘을 우러러보는 시선의 이동에서 바다와 하늘의 묘사까지 17자에 모든 것을 담아낸 것이다. 이처럼 아주 짧은 글에 시인의 감성을 오롯이 녹여낸다는 점에서 마쓰오 바쇼의 하이쿠는 심오한 예술이라고 할 수 있다.

적막함이여
바위에 젖어드는
매미의 울음

매미의 울음소리가 바위 안으로 깊숙이 젖어들 정도로 아무런 소리도 들리지 않는 적막한 공간에서 그 고요함을 마쓰오 바쇼는 위의 시로 노래했다. 이 하이쿠도 자연과 인생을 탐구하는 세계관을 17자라는 제한된 형식 안에 훌륭하게 농축시켜 나타낸 것이다.

시를 암송한다는 것은 시에 담긴 세계관을 온몸으로 온전히 받아들이는 일이기도 하다. 말하자면 시 낭송은 문화 자체를 자신의 내면에 정착시키는 지름길인 셈이다. 아울러 시에서 느껴지는 독특한 리듬감은 예술을 몸으로 기억하는 데에도 크게 도움이 된다.
시를 암송하고 몸에 아로새겼다면 이를 자주 인용하고 활용했으면 한다. 마치 용불용설처럼 쓰면 쓸수록 자신만의 진짜배기 교양으로 자리 잡을 수 있을 테니까 말이다.

요약하는 힘을 갈고닦는 '15초 트레이닝'

지식을 머릿속에 입력할 때 '요약'도 매우 효과적인 방법이다. 암송이 내용을 있는 그대로 암기하는 것이라면, 요약은 요점을 파악해서 간추리는 일이다.

일본의 천재 작가인 다자이 오사무太宰治(1909~1948)의 『인간 실격人間失格』이라는 소설을 처음부터 끝까지 토씨 하나 빠뜨리지 않고 암기할 수 있는 사람은 드물 테지만, 소설 내용을 요약해서 대강의 줄거리를 말할 수 있는 사람은 꽤 많을 것이다. 그러고 보면 요약은 암송보다 한결 실천하기 쉬울지도 모른다.

암송과 요약을 좀 더 비교해보자면, 윌리엄 셰익스피어의 희곡이나 마쓰오 바쇼의 시는 언어 선별이 탁월해서 문장 표현 자체가 예술이다. 단어 하나, 문장 하나라도 달라지면 작품이 성립되지 않는다. 따라서 암송에 적합하다.

반면에 신문 기사는 키워드나 숫자를 적절히 뽑아내면 간결하게 요약할 수 있다. 그런 정보는 요점을 간추려두면 충분하니까, 한 자도 바꿀 수 없는 절대 단어로 기억할 필요는 없다. 문장을 통째로 암기하기보다 요약력을 발휘해서 머릿속에 뒤죽박죽 입력된 지식을 정리 정돈하는 일이 훨씬 합리적인 방법이다.

요약의 워밍업으로 '축약'을 연습해보는 것도 효과적이다. 축약이란 원래 등장하는 언어로 글자 수를 줄여서 요점을 잡아내는 일이다. 이때 자신의 언어를 단 한 글자도 보태지 않는 것이 포인트다. 200자 정도의 신문 기사라면 4분의 1 분량에 해당하는 50자로 축약한다. 이 과정에서 언어를 덜어내는 작업이 필요하다.

구체적인 축약 방법을 소개한다면, 우선 200자의 절반인 100자 정도로 줄여본다. 100자에서 다시 '이 단어를 빼도 의미가 통한다'거나 '이 형용사는 필요 없다'는 식으로 80자, 70자로 줄여나간다. 축약이 익숙해지면 필요한 단어와 불필요한 단어를 단박에 구별할 수 있으므로 평소에 축약하는 습관을 들였으면 한다.

요약해서 말하는 훈련을 꾸준히 하다 보면 짧은 시간에 의미 있는 대화를 할 수 있다. 대화 시간에 하염없이 길게 말하는 사람이 있는데 아무리 가치 있는 내용이라도 이야기가 길어지면 지루하기 십상이다. 게다가 상대방은 자동차에 관심이 없는데 자신만 신나서 자동차의 역사를 장황하게 늘어놓는다거나, 골프를 전혀 못 치는 사람에게 골프 경기를 소개하는 일은 피해야 한다.

누군가와 대화할 때 내가 말하는 시간은 최대 30초를 넘기지 않으려고 노력한다. 1분이라는 시간이 짧다고 생각할지도 모르지만 대화에서는 꽤 긴 시간이다. 또 30초가 지나면 대화의 템포나 리듬도 늘어지게 마련이다.

상대방이 하품하기 전에 이야기를 마무리 지으려면 역시 최대 30초가 적당하다. 대화의 흐름을 방해하지 않고 서로 즐겁게 대화를 하는 데 그 정도의 시간이면 충분하다. 대체로 자신이 말할 때는 30초가 후딱 흘러가지만 남의 이야기를 들을 때는 30초가 아주 길게 느껴진다.

제1장에서도 소개했지만 30초 안에 지식이나 정보를 전달하려면 엄선한 키워드 세 개를 자연스럽게 연결해서 말하는 요약력이 필요하다. 이때 중요한 것은 우선순위! 주어진 시간이 30초이므로 군더더기 서론은 과감히 생략하고 중요한 키워드부터 차례대로 말해야 하는데, 이를 위해서는 우선순위를 스스로 명확히 해두는 일이 선행되어야 한다.

30초 안에 뭐든지 척척 발표할 수 있는 사람은 말하고자 하는 지식을 이미 자신의 것으로 충분히 소화하고 있는 셈이다.

나는 대학 강의 시간에 '자신이 읽은 한 권의 책을 15초 안에 발표하는' 말하기 훈련을 신입생부터 매주 철저하게 지도하고 있다. 스톱워치를 들고 정확하게 15초를 가늠한다. 15초가 지나면 다음 학생으로 발표 순서가 넘어가기 때문에 학생들은 온 힘을 다해 이야기를 끝맺으려고 노력한다. 처음에는 시간을 맞추지 못하는 학생이 많지만 훈련을 거듭하는 동안 모든 학생이 15초 발표를 성공시킨다.

프로이트, 융과 함께 심리학의 3대 거장인 아들러. 아들러의 가르침을 설법하는 철학자와 고뇌하는 청년의 대화로 이루어진 본문. 내 자신과 청년을 중첩시킴으로써 인생을 다른 시각으로 볼 수 있게 이끌어준 책.(기시미 이치로·고가 후미타케, 『미움받을 용기嫌われる勇氣』)

날쌀, 날보리, 날달걀 등 나도 모르게 소리 내어 읽고 싶은 동음 반복 단어나 짧은 글귀, 유려한 고전문 등의 일본어가 수록된 암송 교재. 평소 고전을 접할 기회가 없던 나에게 고전을 친구처럼 느끼게 해준 책.(사이토 다카시, 『소리 내어 읽고 싶은 일본어声に出して読みたい日本語』)

이 정도의 내용이라면 15초 내외로 말할 수 있다.

한 사람당 15초 동안 발표한다면, 100명이라도 수업 시간에 모두 발표할 수 있다. 1분에 4명, 10분이면 40명, 25분이면 100명의 발표가 끝난다. 100명이 1주일 동안 읽은 100권의 책을 요약하는 시간이 25분이면 충분한 셈이다. 결과적으로 양과 질을 두루 만족시키는 매우 유익한 시간이 될 수 있다.

교육 현장에서 보면 말하기 수업은 턱없이 부족한 것 같다. 중학교, 고등학교는 물론이고 대학에서도 스피치 수업은 구경하기 힘들다. 가르치는 입장에서도 100명을 대상으로 발표 수업을 진행하는 일은 버거울 수 있다.

하지만 15초라는 한정된 시간에서는 아무리 많은 인원이라도 가능하며 일단 훈련을 시작하면 학생들의 말하기 실력이 쑥쑥 나아지는 모습을 실감하게 된다. 실제로 종강 즈음에는 "매주 발표 수업이 가장 힘들었지만, 가장 재밌었어요!" 하며 환하게 웃는 학생들을 자주 만난다. 자신의 능력이 향상된다는 사실을 스스로 경험하면 과제에 대한 부담감을 훌쩍 뛰어넘는 보람을 느낄 수 있기 때문이리라.

강의에 따라서는 5초 안에 요약하는 과제를 내는 경우도 있다. 5초는 신문의 표제어를 슥 읽는 정도의 짧은 시간이다. 언어의 선별과 압축이 필요한데, 훈련하는 동안 학생들의 말솜씨도 눈에 띄게 유려해진다.

철학자와 청년의 대화로 아들러 심리학을 설법한 인생 지침서.(『미움받을 용기』)

일본에 전해 내려오는 짧은 글귀나 고전 명문의 암송 교재.(『소
리 내어 읽고 싶은 일본어』)

5초라면 이 정도로 간결해진다.

자신의 지식이나 정보를 정리해서 출력할 때 5초, 15초, 30초
세 가지 유형으로 간명하게 말할 수 있는 연습을 꾸준히 해두면
여러모로 도움이 된다. 30초 이내라면, 코멘트를 하는 사람도 덜
부담스럽고 듣는 사람도 귀 기울여 들을 수 있다.

현대인은 늘 시간에 쫓기게 마련이다. 해야 할 일도 많고 하고
싶은 일도 수두룩하다. 바쁜 일상에서는 누구나 많은 시간을 확
보하고 싶어 한다.

그러기에 대화의 가장 큰 미덕은 하고 싶은 말을 한마디로 전
하는 촌철살인의 정신이다. 물론 오랜만에 만난 친구끼리 주야장
천 말하는 수다도 필요하겠지만, 친목을 위한 수다 외에는 짧은
시간에 밀도 있게 이야기할 수 있는 사람이 훨씬 호감을 주지 않
을까?

지식이나 정보를 안성맞춤 단어로 정리한 일목요연한 대화가
아웃풋하는 자신에게도, 인풋하는 상대에게도 효율적이면서 효
과적인 시간 활용법이라는 점을 깊이 새겨두었으면 한다.

정보의 손잡이를 늘린다

지식이나 정보를 많이 갖고 있는 것도 중요하지만 필요할 때 필요한 정보를 바로바로 끄집어내지 못한다면 박학다식은 의미를 상실할 것이다.

그런 의미에서 나는 정보를 손에 넣는 순간, 정보 자체에 손잡이를 달듯이 정보를 인출할 때 도움이 될 만한 키워드를 떠올리고 머릿속에 저장해둔다.

젊은이들에게 꾸준히 인기를 끌고 있는 가수 A씨, 학생들과 이야기를 나누다 보면 단골손님으로 화제에 오르는 인물이다. A의 얼굴과 이름 정도는 알고 있지만 노래를 제대로 알지는 못해서 그녀의 이야기가 나오면 '정말 오랫동안 사랑받고 있는 가수예요!', '노래방 애창곡으로 인기 만점이더라고요' 하는 식으로 어물쩍 넘어가곤 했다.

그즈음 TV 방송 프로그램에서 A에 관한 흥미로운 이야기를 우연히 접하고 학생들과 대화할 때 살아 있는 정보로 곧장 활용했다.

"A씨 노래는 도야마 교도소 내 음악 방송에서 신청곡 1위를 거의 놓치지 않는대요. 교도소에서도 A씨의 인기는 대단한가 봐요."

"정말이요? 우와!"

내 말에 학생들은 놀라며 흥분된 표정을 지었다. 그도 그럴 것이 A의 팬도 잘 모르는 정보를 제공함으로써 어물쩍 대화에서 한 걸음 더 나아갔기 때문이다.

내가 들은 정보는 '도야마 교도소에서 오랫동안 라디오 DJ로 활동하고 있는 주지 스님 이야기에 따르면, 신청곡 중에서 A씨의 노래가 압도적으로 많다'는 내용이었다. 이 정보를 그대로 기억해두더라도 어떤 대화에서 이 이야기를 인용해야 하는지 얼른 감이 오지 않는다.

따라서 'A씨'에 관한 '도야마富山'라는 키워드를 정보의 손잡이로 찰싹 부착해두는 것이다. 이렇게 하면 두 가지 키워드가 화젯거리로 등장했을 때 참신한 정보로 활용할 수 있다. 인용할 때는 '아, 그러고 보니', '……라고 하니까 생각났는데' 하며 운을 떼면 된다.

이때 가장 중요한 것은 키워드를 제대로 포착하는 일이다! 위의 사례에서 '교도소'를 키워드로 뽑으면 허탕 치기 일쑤다. 아무래도 일상적인 대화에서는 교도소가 화제로 오르는 경우가 거의 없을 테니 말이다.

A라는 인물은 물론이고, 도야마라는 도시가 나와도 이 정보를 써먹을 수 있다. 그리고 의외성을 살릴 수도 있다. '교도소에서는

왠지 클래식만 틀어줄 것 같은데, 아닌가 보네!', 'A는 내가 생각했던 것보다 훨씬 인기가 많구나!' 하며 꼬리에 꼬리를 물고 대화가 이어진다.

사실 이 정보 자체는 방송 프로그램에서 전해 들은 내용일 뿐, 그리 깊이 있는 지식도 아니다. 중요한 것은 흥미로운 이야기를 자기 나름대로 정리해두었다가 필요할 때 바로 끄집어낼 수 있는 인용 능력이다. 자유자재로 인용할 수 없다면 아무리 솔깃한 정보를 갖고 있더라도 빛이 나지 않는다. 쓸데 있는 지식과 정보를 위해서는 더 많은 손잡이가 필요하지 않을까 싶다.

이야깃거리는 다양한 매체를 통해 수집한다

폭넓은 교양을 쌓으려면 책, 잡지, 신문, 텔레비전, 라디오, 인터넷 등 여러 매체를 조합해서 정보를 수집하는 일이 선행되어야 한다.

인터넷에 국한된 정보 수집은 개인적인 편향에 치우치기 쉬우므로 지식의 다양성을 꾀하기 어렵다. 인터넷은 물론이고 복수의 매체를 연결함으로써 훨씬 쉽게 고급 정보를 장악할 수 있다.

특히 추천하고 싶은 매체가 라디오! 라디오는 텔레비전보다 정보나 트렌드가 빠른 편이다. '한참 전에 라디오에서 들은 이야기 인데, 지금 유행하나 보네' 하고 발 빠른 라디오를 실감한 적이 여러 번 있다.

한편 누군가와 첫 만남이 잡혀 있다면 SNS를 활용해서 그 사람의 직업이나 좋아하는 취미 등과 관련된 정보를 미리 알아두면 도움이 된다. 처음 만나는 사람과는 공통 화제를 끌어내기가 쉽지 않은데, 기본 정보를 알고 있으면 대화의 실마리가 술술 풀리기도 한다.

게다가 인터넷 검색창에서는 몇 번의 클릭으로 유명인의 인물 정보를 속속들이 꿰뚫을 수도 있을 것이다.

블라디미르 푸틴Vladimir Putin(1952~) 러시아 대통령을 예로 들자면, '대여섯 차례나 암살당할 뻔했다', '세계에서 가장 영향력 있는 인물 1위를 기록하기도 했다', '장기 집권하고 있다', '원래 KGB 요원으로 스파이였다', '캘린더가 팔리고 있다' 등등 말랑말랑한 정보부터 딱딱한 정치 이야기까지 다양한 정보를 고작 몇 분간만 검색하면 알아낼 수 있다.

우리가 애용하는 인터넷은 백과사전보다 더 방대한 정보를 클릭 한 번으로 손에 넣을 수 있다는 편의성 측면에서 단연코 으뜸이다. 키워드 세 개를 입력하면 대부분의 정보는 1초 안에 곧바로 튀어나온다.

이처럼 라디오, 텔레비전, 인터넷 등 여러 매체를 조합해서 정보를 찬찬히 살펴보면 '어, 이거 본 적 있는데' 하며 친숙한 정보가 늘어나고 교양의 폭이 그만큼 드넓어질 것이다.

또한 정보와의 만남에서는 우연성이 매우 중요하다.

앞서 소개한 가수 A씨의 사연도 아주 우연한 기회에 방송에서 접한 이야기로, 일부러 그 정보를 얻으려고 텔레비전을 시청한 것은 아니었다.

피트니스센터에 가보면 텔레비전이 부착된 러닝머신을 흔히 볼 수 있다. 이때야말로 정보를 우연히 만날 수 있는 절호의 기회다.

얼마 전에도 「고대인의 새로운 발견」이라는 교양 프로그램을 운동 시간에 만난 적이 있다. 고대인과 관련해서는 남아 있는 자료가 워낙 부족하다 보니 제대로 밝혀지지 않은 사실이 훨씬 많다고 한다. 이런 상황에서 화장품 제조업체에 근무하는 박사 연구원이 피부에 기미가 잘 생기는 사람들의 유전자를 발견했다. 특정 유전자 배열을 가진 사람들의 분포를 조사했더니 고대인의 분포 지역과 흡사했다고 한다. 여기에서 한 걸음 더 나아가 고대인의 유전자 배열을 조사했더니 기미가 잘 생기는 사람의 유전자 배열과 일치했던 것이다.

현대인의 피부를 연구하는 사람이 고고학 분야에서 새로운 발견을 했다는 사실에 나는 귀가 솔깃해졌다. 게다가 작정하고 고고학을 공부하는 도중에 얻은 정보가 아니라 피트니스센터라는 뜻밖의 장소에서 요즘 말로 '득템한' 정보이기에 더욱 흥미진진했다.

좀 더 화면을 지켜보면서 일본 토착민의 특징은 쌍꺼풀이 있고 곱슬머리가 많고 윙크를 못한다는 깨알 정보도 알게 되었다. 물론 이 내용도 한동안 훌륭한 이야깃거리로 활용했다. 고고학의 새로운 발견이라는 교양도 얼마든지 재미난 이야기로 대화를 풍성하게 만들 수 있다.

이는 텔레비전의 공적이라고 해야 하지 않을까?

전문가에게는 전문 분야로 마주한다

얼마 전 지인에게 하부 요시하루 프로 기사와 만났던 이야기를 전해 들은 적이 있다. 널리 알려진 대로 하부 기사는 일본 장기의 최고수 전문가이자 지식을 두루 갖춘 교양인이다.

지인은 모처럼 하부 기사와 만날 기회를 얻었다는 기쁨에 기사가 모르는 흥미로운 이야기를 잔뜩 준비해서 약속 장소에 나갔다. 이후 몇 차례 더 기사를 만났는데 화제가 점점 바닥이 나서 난

처해졌다고 한다.

"하부 씨와 무슨 이야기를 나누면 좋을까 고민하다가 그가 훌륭한 기사라는 사실을 떠올렸죠. 솔직하게 장기 이야기를 꺼냈더니 하부 씨가 흥분된 목소리로 이야기를 하더라고요. 그다음에는 대화가 정말 술술 풀렸고요."

분명 최고의 장기 기사 앞에서 장기 이야기를 끄집어내는 일은 용기가 필요하다. 지인이 '장기'라는 단어를 내뱉기까지 고민한 마음도 충분히 이해된다. 그렇지만 상대방의 전문 분야는 상대가 가장 자신 있으면서도 잘 아는 주제다. 자신 있는 주제는 말하는 사람도 기분 좋고, 듣는 사람도 즐겁게 배울 수 있다.

나도 예전에 하부 기사와 식사할 기회가 있었는데 이때다 싶어서 내가 먼저 장기 이야기를 꺼냈다.

마침 하부 기사가 초등학생·중학생 100명과 '1 대 100'으로 장기를 두는 프로그램을 인상 깊게 본 터라 그와 관련된 질문을 던졌다.

"100명과 동시에 대국하면 피곤하지 않으세요?"

"아니요, 그렇지는 않아요."

"그럼 100명의 장기짝을 기억할 수 있나요?"

"네, 대충은 기억합니다."

"하지만 판이 몇 차례 돌면 헷갈리지 않나요?"

"내가 한 바퀴 도는 동안 장기짝을 움직이는 아이가 있었어요. 한 번이라면 그냥 모르는 척했을 텐데, 두 번이나 손을 대니 '장기짝은 움직이면 안 돼요!' 하고 부드럽게 타일렀습니다. 그랬더니 아이가 눈을 휘둥그레 뜨면서 '그걸 어떻게 아셨어요? 다 기억하고 계세요?' 하며 깜짝 놀라더라고요."

하부 기사는 입가에 살짝 미소를 지으면서 그렇게 말했다.

이후에도 나는 어떻게 장기짝을 다 기억할 수 있는지, 다음 수를 생각하는 데 시간이 얼마나 걸리는지 등 최고의 기사에게 직접 들을 수 있는 모처럼의 기회를 놓치지 않으려고 다양한 질문을 쏟아냈다. 그는 전문가답게 내 질문에 명쾌히 대답해주었다. 덕분에 나는 짧은 시간 동안 장기 공부도 할 수 있었다.

천하제일의 기사가 장기 이야기를 들려주니 지식이 늘어날 수밖에 없으리라. 역시 전문가와는 전문 분야의 이야기를 하는 쪽이 두루두루 좋다고 확신하는 자리였다.

나는 프로 골퍼와 대담집을 출간한 적이 있는데, 그때도 '슬럼프는 어떻게 극복하세요?', '지금부터 골프를 시작하려는 사람이 특히 주의해야 할 점은 무엇일까요?'처럼 골프와 관련된 궁금증을 스스럼없이 물었다. 나는 골프를 치지 않지만 그 대담 덕분에 지식만큼은 충분히 얻을 수 있었다.

그런가 하면 외식업계에서 명성이 자자한 경영자를 만났을 때는 "음식점 개업에서 가장 먼저 생각해야 할 점은 무엇일까요?" 하며 평소 음식점 창업과 관련해 궁금했던 점을 질문했다. 내 물음에 경영자는 확신에 찬 목소리로 이렇게 대답했다.

"역시 가게 위치겠지요. 음식점은 뭐니 뭐니 해도 상권의 입지가 가장 중요해요."

입지 조건이 열악하면 손님이 쉽게 찾을 수 없다는 것이다.

"그럼 어디가 장사하기 좋은 곳일까요?" 하고 거듭 물었더니, 바로 주차 공간을 확보할 수 있는 곳! 도심은 주차난이 워낙 심각하다 보니 주차 문제가 해결되면 손님이 자주 찾을 수밖에 없다고 한다.

이 말을 듣고 전문가는 역시 다르다고 고개를 끄덕였다. 한마디 한마디가 설득력이 있었다. 상대방의 특별한 재능이나 지식에 귀를 기울이면서 열심히 배우고, 이를 자신의 머릿속에 새로운 지식으로 정착시켜나간다면 그만큼 지식 창고는 늘어날 것이다.

전문가와 함께하는 대화에서는 그 사람의 전문 분야를 화제로 삼는 것이 가장 현명하다. 상대도 기분 좋게 술술 말할 수 있고, 자신도 많은 것을 배울 수 있어서 그야말로 누이 좋고 매부 좋은 대화의 시간이 될 테니 말이다.

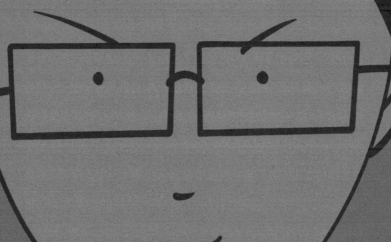

제4장

알고 있는 지식을
똑 부러지게
전하는
대화의 기술

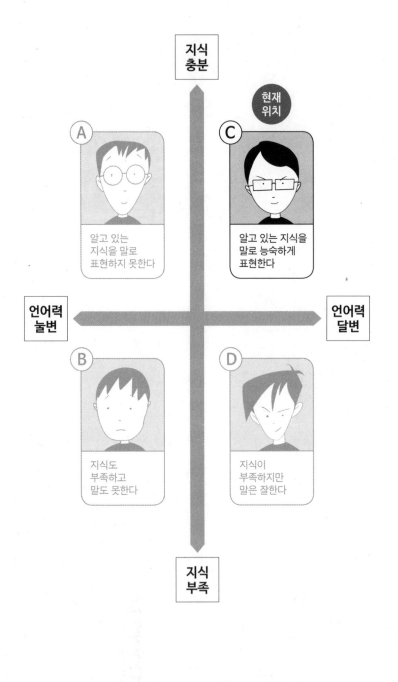

'지금 이 상황에서 무엇을 할 수 있을까'에 바로바로 답하려면

　제4장에서는 '지식과 언어의 매트릭스' 그림에서 가장 이상적인 유형인 '알고 있는 지식을 말로 능숙하게 표현하는 사람'(C)이 어떻게 생각하고, 어떻게 말하는지 자세히 살펴보고자 한다.

　일본 문부과학성에서는 '새로운 학력관'을 '스스로 배우려는 의욕과 사고력, 판단력, 표현력 등의 자질과 능력을 중시하는 학력관'이라고 규정하고 있다. 날로 가속화되는 정보화사회와 국제화로 치닫는 현대사회에서 살아남기 위해서는 이와 같은 새로운 학력이 필요하다는 사실을 정부에서 천명하고 있는 것이다.

　새로운 학력과 대비되는 '전통적 학력'이란 지식을 기억하고 축적하는 일이자 축적한 지식을 재생하는 일이다. 다시 말해 광범위한 지식을 갖추고 이를 적절하게 꺼내서 운용하는 힘으로, 이는 매우 중요한 능력임에 분명하다.

하지만 요즘같이 급변하는 시대에는 미리 준비한 답이 아니라 그때그때 상황이나 조건에 맞는 안성맞춤 답이 필요하다. 이를 육성하기 위해 '새로운 학력관'이 제창된 것이다.

새로운 학력을 한마디로 표현하자면 '문제 해결 능력'이다. '지금 이 상황에서 무엇을 할 수 있을까?'라는 물음의 답을 발 빠르게 찾아내서 그 처방전을 상대방이 이해할 수 있도록 전달하는 힘이다. 요컨대 변화무쌍한 시대에 대처하기 위해서는 '언어로 전달하는 힘'을 으뜸으로 갖추어야 한다.

실제로 문제를 해결해야 할 때는 먼저 해결해야 할 문제가 무엇인지 명확히 알고 있어야 하고, 상대방을 이해시키기 위해서는 상대의 교양 수준과 어떤 언어로 표현하면 또렷이 전달되는지를 구분해두는 일도 필요하다.

문제 해결 능력과 관련해서는 의사의 진찰 과정을 떠올리면 좀 더 쉽게 이해할 수 있다. 의사는 병원을 찾은 환자를 진료하고 그 자리에서 신속하면서도 가장 적절한 모범 답안을 내리는 사람이다. 이때 '으음, 글쎄요······' 하고 갈팡질팡하거나 머뭇거리는 모습을 보이면 환자는 불안해한다. 어쩌면 중병에 걸린 사실을 애써 감추느라 머뭇거리고 있다고 환자가 오해할지도 모른다.

하지만 의사는 풍부한 지식 가운데 모든 가능성을 떠올리기 위해 잠시 주춤하고 있는지도 모르고, 전문 지식을 이해하기 쉽게 설명하기 위해 고민하고 있는지도 모른다. 어떤 상황이든 환자는 바로바로 답하지 못하는 의사가 미덥지 못하게 느껴지는 것은 사실이다. 그만큼 의사에 대한 신뢰도가 떨어진다. 이는 의사에게 안타까운 일이다.

아무리 지식이 넘쳐나더라도 그 지식을 전달하는 기술이 없으면, 머릿속에 가득 찬 지식은 죽은 지식이나 다름없다. 따라서 문제 해결 능력에서는 정보와 지식은 말할 것도 없고 말하는 법, 전달하는 방법도 매우 중요하다. 더욱이 지식이나 정보가 너무 많을 때는 먼저 문제를 세분화해서 상황별로 하나씩 모범 답안을 제시하는 처방전도 생각해볼 수 있을 것이다.

'지금 환자분의 증상은 세 가지 측면으로 나눌 수 있습니다. A일 때는 ○○, B일 때는 △△, C일 때는 □□이지요. 이 ABC를 구분하기 위해서는 ☆☆라는 검사가 필요합니다. 다만 검사 방법은 두 가지가 있어서……' 식으로 의사가 정보를 정리해서 일목요연하게 전달하면, 머릿속에 든 지식을 한꺼번에 말하지 않아도 환자는 충분히 이해할 수 있다.

여기에서는 환자를 이해시키는 설명이 문제 해결로 직결되기 때문에 소기의 목적을 달성한 셈이다. 결과적으로 환자는 '의사 선생님이 믿음이 가네!' 하며 안심하고 진료를 받을 수 있다.

물리학의 법칙을 연애에 비유한다면

타인에게 쉽게 전달하기 위해 예를 들어 설명할 때가 있다. '이를테면' 혹은 '예를 들면'이라고 운을 떼며 구체적인 무엇인가를 끄집어내어 말하면 상대방이 그 내용을 수월하게 연상할 수 있다는 점에서 효과적이다.

하지만 문제는 그 '무엇인가'가 무엇이냐다. 대체로 말하는 사람 자신이 흥미를 느끼는 일이나 친근하게 여기는 대상을 사례로 들기 쉽다. 직장에서 뭐든지 야구나 골프에 비유하는 팀장을 팀원들이 달가워하지 않는 이유는 정작 듣는 사람이 야구와 골프에 전혀 관심이 없다는 사실을 모른 채 팀장 자신이 하고 싶은 말만 내뱉기 때문이다. 애초에 보기를 들어 설명하는 이유가 상대방을 이해시키기 위함이라면 듣는 사람이 솔깃해할 만한 이야기를 찾아내고 듣는 사람의 자리에서 이야기를 진행하는 배려가 가장 중요하다.

'F=ma'라는 유명한 물리 공식이 있다. 이는 '뉴턴의 운동 제2법칙'으로 흔히 가속도의 법칙이라고 부르며, 공식에서 m은 물체의 질량mass, a는 가속도acceleration, F는 힘force을 나타낸다. 고등학교 물리 시간에 교사가 아무리 가속도의 법칙을 외우라고 다그쳐도, 공식을 보자마자 '아, 재밌다!'라고 생각하는 학생은 거의 없을 것이다.

만약 이런 상황에서 학생들의 관심을 끌어내고 싶다면, 물리 공식을 연애로 살짝 바꾸어서 설명해보자.

질량 m은 '나에게 마음을 주지 않는 상대', 즉 자신이 짝사랑하는 상대라고 가정한다. 전혀 꼼짝도 하지 않는 것을 움직이려면 아주 큰 힘(F)이 필요하다. 바로 움직이지 않는 것을 움직이게 하는 것이 가속도 a다. 또한 자신에게 관심 없는 상대를 향한 첫 고백에서는 아주 큰 힘(F)을 사용해야 한다.

하지만 일단 (마음이) 움직이기 시작하면, 처음보다 훨씬 약한 힘으로도 상대를 움직일 수 있다. 바로 이것이 '뉴턴의 운동 제1법칙'인 관성의 법칙이다. 즉 a를 줄여서 F가 약한 경우에도 움직일 수 있다.

말하자면 첫 고백과 이어지는 첫 만남을 성사시키기 위해서는 온 힘을 기울여야 하지만 이후 서로 호감을 갖고 훈훈한 만남이 거듭되면 처음만큼의 강력한 힘은 필요하지 않다는 사실, 물론

(사랑의) 힘을 소홀히 여겨서는 안 되지만, 여하튼 처음이 가장 중요하다는 것이다.

이런 이야기를 공식과 연관 지어서 설명해주면 물리에 관심이 없는 학생이라도 눈을 반짝이며 경청한다. 적어도 F가 힘이고 m이 질량, a가 가속도라는 사실은 단박에 기억할 수 있을 것이다. 물리 공식이라고 하면 왠지 자신과는 동떨어진 이야기 같아서 머릿속에 잘 들어가지 않지만, (대체로 고등학생들이 관심을 가질 법한) 연애에 비유한다면 공식이 훨씬 친근하게 연상됨으로써 이해도가 급상승하게 된다.

대화에 '효과음'을 더하는 고전 이야기

비유를 들어 설명할 때 고전 이야기를 슬쩍 끼워 넣으면 대화에 효과음이 더해져 선명하게 전달할 수 있다.

직원을 소모품으로 여기며 불합리한 노동을 강요하는 악덕 기업을 '블랙 기업'이라고 일컫는데, 특히 '열정 페이'로 대표되는 청년들의 노동 착취가 오늘날 심각한 사회문제로 대두되고 있다. 이처럼 논란이 되고 있는 블랙 기업을 화젯거리로 삼았을 때, 응용해볼 수 있는 고전이 『헤이케 이야기平家物語』다.

일본의 대표적인 고전문학으로 손꼽히는 『헤이케 이야기』는 13세기 초에 지어진 작자 미상의 군담소설로, 최고의 권력을 장악한 세 귀족 가문의 흥망성쇠를 그린 작품이다.

『헤이케 이야기』 가운데 헤이케(다이라 씨) 가문의 여자들이 배 위에서 부채를 펼쳐 들고 있다가 그 부채를 화살로 던지면서 겐지(미나모토 씨) 가문에 싸움을 거는 유명한 일화가 나온다. 겐지 쪽에서는 그 싸움에 응할 수밖에 없었는데, 이때 겐지 가문에서 내세운 인물이 '나스노 요이치'라는 최고의 궁수였다. 하지만 제아무리 백발백중의 명사수라도 마주한 과녁은 파도로 넘실대는 배위에 펼쳐져 있는 부채다. 적중할 확률이 거의 없다. 게다가 만에하나 빗나가면 죽음을 면하기 어려운 상황이다. 결과적으로 나스노 요이치는 과녁을 정확하게 맞혀서 구사일생으로 살아난다.

이 일화를 블랙 기업 이야기에 효과음으로 활용하는 것이다. 다시 말해 최악의 기업인 블랙 기업이 대화의 소재로 등장했을 때 생과 사의 갈림길에 선 궁수의 처지에 빗대어, "그렇게 악질회사라면 천하의 나스노 요이치도 살아남기 힘들겠어!" 혹은 "아니, 나스노 요이치라면 블랙 기업 사장을 따끔하게 손봐줄지도 몰라" 하는 식으로 대화를 이어나갈 수 있다면, 지적인 느낌을 주면서 시대를 초월한 비유로 듣는 사람의 뇌리에 깊이 새겨진다. '오호, 블랙 기업과 고전을 연결하다니, 기발한데!' 하며 상대방에게 참신한 인상을 줄지도 모른다.

전쟁터와 같은 영업 현장에서는 역사 이야기가 단골손님처럼 등장한다. 이를테면 '싸우지 않고 이긴다'는 영업 전략을 논하는 자리에서 곧잘 나오는 말로, 『손자병법』의 한 구절이다. 이런 경구를 적재적소에 사용하면 시쳇말로 뭔가 있어 보인다. 역사는 어느 정도 해석의 테두리가 정해져 있다 보니, 관점이나 의견이 다르다는 이유로 언쟁을 벌일 일도 거의 없다. 게다가 현재와 다른 시간축을 도입함으로써 시야가 넓어지는 효과를 얻을 수 있다.

『논어』에 나오는 이야기도 대화에 자주 인용되는 고전이다. 널리 알려진 바와 같이 유교의 경전인 『논어』는 인생, 삶의 지혜를 설법한 책으로 어떤 상황에서도 맞춤 처방처럼 적용할 수 있다. '과이불개 시위과의過而不改 是謂過矣'라는 말은 '잘못을 하고도 고치지 않으면 그것이 진짜 잘못이다'는 뜻으로, 업무에도 인생에도 두루 통하는 『논어』의 명문 가운데 하나다.

서양으로 눈을 돌리면, 기독교의 경전인 『성서』는 비유를 들어 이야기할 때 실질적인 도움을 받을 수 있는, 말 그대로 '바이블'이다. 더욱이 『성서』의 어떤 페이지를 펼쳐도 고민거리를 덜어주는 처방전을 찾을 수 있다.

이처럼 보편적이면서도 구체적인 언어가 본문 가득히 실려 있는 것이 바로 고전이다. 따라서 그윽한 효과음을 대화에 곁들이고 싶다면 고전을 적극적으로 활용했으면 한다.

문학작품을 좀 더 가깝게 느끼려면

"○○은 예를 든다면 △△에 해당되지요" 하고 상대방이 구체적인 사례를 들어 말할 때, 상대가 지칭하는 △△를 자신이 경험하지 않았더라도 충분히 공감할 수 있는 사례라면 '맞아, 맞아!' 하며 고개를 끄덕이게 된다.

만약 야구나 골프에 문외한이라면 상대방이 야구, 골프 관련 비유를 늘어놓을 때 선뜻 이해하기 어려울 것이다. 마찬가지로 '내가 말이야, 젊었을 때는……', '예전에는……' 식으로 상대가 자기 자랑이나 고생담을 늘어놓을 때도 공감은커녕 저절로 표정이 찌푸려지기 일쑤다. 그도 그럴 것이 말하는 사람에게는 의미 있는 이야기라도, 듣는 사람은 '그건 어차피 당신 이야기잖아요' 하는 생각이 들면서 자신의 머릿속에 이미지를 떠올리기가 쉽지 않고 '의미'를 찾아내기 어렵기 때문이다.

연상을 불러일으키거나 상상력을 동원할 수 있다면, 듣고 있는 내용이 자신의 경험이나 지식과 무관하더라도 화자의 이야기에서 본질적인 의미를 끄집어내어 이해하게 되고, 더불어 청자는 지식이나 정보를 축적할 수 있다.

상상력을 갈고닦기 위해 내가 대학 강의에서 진행하는 프로그램의 사례를 잠시 소개하면, 앞서 말한 바와 같이『논어』나『성서』는 삶, 살아가는 방식을 설법했기에 공감을 끌어내기 쉬우나『카라마조프 가의 형제들』과 같은 문학작품은 시대 상황이 전혀 다르기 때문에 공감대를 형성하기 어렵다. 따라서 나는 강의에서 인간의 본질에 관한 사색을 방대한 규모로 집대성한 도스토옙스키의『카라마조프 가의 형제들』을 상상력 훈련 교재로 활용했다.

작품을 한 번도 읽어보지 않은 학생들에게 처음부터 내용을 완벽하게 이해시키기는 거의 불가능하다. 그래서 생각해낸 것이 자신과는 전혀 무관한 이야기라고 생각했던『카라마조프 가의 형제들』이라는 소설에서 한 장면을 선택해 '이건 바로 내 이야기인 걸!' 하며 학생들의 공감을 끌어내는 일이었다. 이를 계기로 쉽게 친해지기 어려운 문학작품에 흥미를 갖게 하는 것이 수업의 최종 목표였다.

카라마조프 가의 삼형제 가운데 셋째아들인 알렉세이는 '선'의 대명사로 불릴 정도로 진실하고 착한 청년이다. 알렉세이의 정신적 아버지인 조시마 장로는 위대한 수도승으로 사람들에게 추앙

받았지만, 정작 조시마 장로가 죽었을 때 기적은커녕 여느 시체와 다름없이 악취를 풍기는 모습에 조시마를 누구보다 믿고 따르던 알렉세이는 무척 혼란스러워한다.

'성인聖人이라면 시체 썩는 냄새가 나지 않아야 마땅한데……, 그렇다면 조시마 장로는 성인이 아니란 말인가?' 하는 생각이 알렉세이의 머릿속에 스쳤던 것이다. 사람들로 붐비는 거리에서 괴로워하는 가운데 알렉세이는 길바닥에 쓰러지고, 다시 일어섰을 때는 확고한 신념으로 무장한 투사로 변해 있었다. 더 이상 고민 많고 연약한 청년이 아닌 굳센 의지를 갖춘 인간이 되었던 것이다.

학생들에게 여기까지 설명해주고 이 장면의 의미인 혼돈과 고민에 휩싸여 쓰러진 상태에서 다시 일어섰을 때 완전히 다른 사람으로 의식이 바뀌는 '전before과 후after'의 체험을 떠올리게 했다. 그리고 이 장면을 강의실에 있는 모든 학생이 자신의 처지로 옮겨 연기할 수 있도록 지도했다.

어떤 학생은 피아노 연주회를 앞두고 자신감 상실로 의기소침하다가 실제 연주회에서는 마치 다른 사람처럼 자신감 넘치는 연주를 할 수 있었다는 경험담을 연기했다.

또 다른 학생은 수능시험 전날 너무 긴장한 나머지 컨디션이 엉망이었지만, 시험 당일에 집을 나와 고사장으로 갔더니 의외로 마음이 편안해져서 합격했다는 반전을 연출했다.

단 하나의 장면이지만 알렉세이와 자신을 포개서 실제 쓰러진 상태에서 다시 일어서는 연기를 해보면 자신과 동떨어진 머나먼 존재였던 알렉세이에게 진한 공감을 느끼게 된다. 요컨대 『카라마조프 가의 형제들』이라는 난해한 걸작이 바로 자신의 이야기처럼 친근하게 다가오는 것이다.

이와 비슷한 '전과 후' 변화는 일본 아동문학의 거장인 미야자와 겐지宮沢賢治(1896~1933)의 유명한 동화인 『첼로 켜는 고슈セロ弾きのゴーシュ』와 『쏙독새의 별よだかの星』에도 등장한다. 결과적으로 장편소설 『카라마조프 가의 형제들』과 단편 동화가 이어지고, 이것이 자신의 경험과도 맺어진다. 전혀 관련이 없을 것 같은 동떨어진 세계를 연결하는 상상력으로 개인의 경험에 깊은 의미를 부여하는 일석이조의 효과까지 누릴 수 있는 셈이다.

'세 단어 잇기'로 사물을 연결하는 힘을 단련한다

전혀 연관성이 없어 보이는 단어 세 개를 연결해서 하나의 이야기를 완성하는 '세 단어 글짓기'는 글쓰기 훈련에서 자주 등장하는 방법이다. 또한 제시된 세 단어를 자연스럽게 연결하는 작문은 입학시험이나 입사시험의 단골 출제 문제이기도 하다. 도쿄 대학교 입시에서는 세 단어를 이용해서 역사적 사건을 설명하라는 세계사 문제가 출제되기도 하는데, 물론 이 시험에는 정답이 존재한다.

하지만 우리가 일상생활에서 즐기는 '세 단어 잇기'에서는 정답이 필요 없다. 그저 세 단어를 연결해서 이야기만 지으면 쓰기 훈련에도, 두뇌 훈련에도 크게 도움이 된다.

그럼 연습 삼아 세 단어로 이야기를 만들어보려고 하는데, 먼저 단어를 소개하면 다음과 같다.

- 포켓몬, 불꽃, 환청
- 파랑, 미술관, 무말랭이
- 까치발, 우유, 버튼

위와 같이 무작위로 뽑은 단어 세 개로 의미 있는 글을 완성하려면 사물을 연관 짓는 능력, 유추하는 힘이 필요하다. 도쿄 대학교 입시처럼 같은 분야의 단어를 연결하는 세 단어 작문은 지식이 있으면 충분히 완성할 수 있으나, 그와 달리 접점이 없는 단어를 연결하려면 공통점을 간파하는 능력과 공통점 찾기를 위해

'보조선'을 긋는 센스가 요구된다. 더 나아가 '맞아, 그렇게 이어질 수도 있겠구나!' 하며 상대를 이해시키기 위해서는 논리력도 필요하다. 요컨대 '세 단어 잇기'를 통해 쓰기는 물론이고, 말하기 실력도 갈고닦을 수 있다.

앞에서 언급한 세 단어는 어떻게 연결하면 좋을까? 매끄럽게 내용이 이어지지 않아도 괜찮으니까 일단 상상의 날개를 펼쳐보자.

• 포켓몬, 불꽃, 환청

가까스로 잠이 들었을 때, 저 멀리서 사이렌 소리가 들렸다. 잠결에 들리는 환청인 줄 알았는데, 점점 또렷해진 사이렌 소리는 나를 꿈나라에서 현실의 세계로 일으켜 세웠다. 창문을 열고 밖을 내다보았더니 집 앞 공원이 불타오르고 있었다. 불꽃이 이글거리는 장소는 바로 낮에 살아 있는 포켓몬을 포획한 장소가 아닌가. '아, 낮에 포켓몬을 잡아서 정말 다행이야.' 이런 생각이 머릿속을 스치자 입가에 슬픈 미소가 배시시 새어나왔다.

• 파란색, 미술관, 무말랭이

시골에 계신 할머니가 무말랭이장아찌를 보내주셨다. '요것만 있으면 밥 한 그릇 뚝딱이제' 하는 할머니의 구수한 사투리를 떠올리면서 파란색 보자기의 매듭을 풀었다. 워낙 푸짐한 양이라서 아르바이트하는 미술관 사람들에게도 나눠 주기로 했다. 그러고 보니 얼마 전에 같은 고향 아르바이트생인 K가 '장아찌 중에서도 역시 봄에는 무말랭이장아찌가 최고!' 하며 목소리를 높였지. K가 맛있게 먹는 모습을 상상하자 절로 기분이 좋아졌다.

• 까치발, 우유, 버튼

꼬마가 엄마 옆에서 엘리베이터 버튼을 누르려고 했다. 까치발을 딛고 손을 뻗어보지만 좀처럼 손이 닿지 않았다. 엄마가 아이를 들어서 번쩍 치켜 올리자 그제야 꼬마는 버튼을 누를 수 있었다. 엘리베이터를 기다리는 동안 내가 들고 있는 시장바구니에서 우유를 발견한 꼬마는 "우유!" 하고 큰 소리로 말했다. "우유를 열심히 마시면 까치발을 하지 않아도 엘리베이터 버튼을 누를 수 있단다" 하며 엄마가 다정하게 말을 건네자 꼬마는 함박웃음을 지었다.

이처럼 단어 세 개로도 다양한 '소설'이 탄생할 수 있는데, 이야기를 지은 자신은 충분히 이해하더라도 타인이 이야기를 들었을 때 전혀 이해하지 못한다면 좀 더 분발해야 하지 않을까 싶다. 같은 맥락에서 친구나 가족에게 글을 보여주고 객관적인 피드백을 받아보는 일도 효과 만점이다.

세 단어를 자연스럽게 연결할 때는 지식이나 센스도 필요하지만 무엇보다 '아이디어'가 핵심이다. 흔히 아이디어라고 하면 지금까지 없던 새로운 것, 아무도 모르는 미지의 것을 떠올리지만, 아이디어란 이 세상에 없던 새로운 발명만을 의미하지 않는다.

미국 광고계의 전설로 통하는 제임스 웹 영James Webb Young (1886~1973)은 『아이디어 생산법A Technique for Producing Ideas』이라는 책에서 아이디어란 '기존의 요소를 새로운 조합으로 엮어내는 일'이라고 정의하고 있다. 말하자면 무엇인가를 새로 탄생시킬 때는 기존의 것들을 어떻게 연관 짓느냐, 그들의 관계를 꿰뚫어보고 연결하는 힘이 필요하다는 것이다. 이처럼 아이디어를 창조가 아닌, 새로운 조합의 모색으로 규정한다면 아이디어에 좀 더 쉽게 접근할 수 있다.

예를 들어 피로연에서 주로 이용되던 음악 반주기가 방이라는 폐쇄적인 공간과 연결됨으로써 방음이 된 방에서 홀로 또는 여럿이서 노래하는 오늘날의 새로운 '노래방'을 탄생시켰다. '노래'와 '방'을 연결했을 따름인데, 현대인의 놀이 문화를 바꿀 정도로 혁신적인 아이디어가 생겨난 셈이다.

사물을 연결하는 힘, 유추하는 능력에 따라 반짝이는 아이디어가 샘솟는다는 점에서 '세 단어 잇기'를 하루의 일과처럼 꾸준히 연습했으면 한다.

발언권이 뒤로 갈수록 유리한 전술

앞에서 전혀 동떨어진 것들을 자연스럽게 연결함으로써 톡톡 튀는 아이디어를 만들어내는 일이 유창한 말솜씨로 이어진다고 소개했다. 이와 함께 '새로운 관점을 제공하는' 말하기의 기술도 돋보이는 언변으로 이끌어준다.

타인과 이야기를 나눌 때 상대의 말에 고개를 끄덕이는 공감도 필요하지만 단순히 동조에 그친다면 대화의 폭이 더 이상 넓어지지 않는다. 김빠진 대화에 톡 쏘는 활력을 불어넣고 싶다면 대화 내용과 관련해 새로운 시점, 견해를 제시해보자. 대화의 자리가 금세 흥미진진해진다. 일반적인 관점을 인정하면서도, '그걸 이런 시각에서 생각하면' 식으로 보는 각도를 달리한 코멘트만으로 참신한 달변가의 인상을 줄 수 있기 때문이다.

예를 들어 업무회의 시간에 각자 차례대로 의견을 말하고 있다고 치자. 첫 번째 발표자는 가장 편하게 자신이 하고 싶은 말을 할 수 있다. 두 번째 사람은 첫 번째 발표자와 다른 이야기를 하면 된다. 하지만 세 번째 발표자부터는 난이도가 높아진다. 회의라는 제한된 주제와 시간 안에서 앞서 발언한 두 가지 유형과 다른, 제3의 의견을 즉석에서 찾아내기란 쉽지 않기 때문이다. 그렇다고 '앞서 발표한 두 분과 같은 생각입니다'라고 말하는 것도 적절하지 않다.

이때 가장 훌륭한 대처법은 미리 세 가지의 코멘트를 준비해두는 것이다. 두 가지라면 다른 사람과 의견이 겹칠지도 모르지만, 세 가지라면 중복될 가능성이 희박해진다. 좀 더 구체적으로 설명하자면, 무난한 코멘트 두 개와 전혀 다른 관점을 제시하는 독특한 의견을 하나 정도 머릿속에 저장해둔다. 그리고 발언할 때는 앞서 말한 사람의 내용을 이어받아서 그 이야기와 연관 지어 자신의 생각을 밝히는 것이다.

이 방법은 자신의 주장을 당당하게 펼칠 뿐 아니라 타인의 의견을 받아들여 관련성을 이끌어내고, 더 나아가 새로운 관점을 제공하기 때문에 아이디어도 돋보이고 협업을 보여주는 훌륭한 발언으로 발전할 수 있다.

이와 같이 새로운 관점을 제시하는 화법을 구사하면 오히려 나중에 말할수록 더 돋보일 수 있다. 게다가 먼저 발표한 사람의 의견을 취합해서 말하다 보니 즉석에서 떠올린 느낌으로 임기응변에 강한 능력자의 인상도 줄 수 있다. '앞서 A가 발표한 내용을 토대로, 이런 관점에서 생각해본다면' 식으로 자신의 주장과 타인의 의견을 유기적으로 엮어나가면 회의 시간에 더 높은 평가를 받을지도 모른다.

요컨대 무엇과 무엇이 연결되는지, 거기에서 관점을 조금 바꾸면 어떻게 보이는지를 생각하는 평소의 습관이 설득력 있는 달변가로 이끌어주리라 확신한다.

매미와 빈집, 절묘한 만남

독창적인 관점에서 절묘한 조합으로 새로운 세계를 만들어낸 훌륭한 본보기가 있으니, 바로 「매미 허물의 집空蟬の家」(다쿠보 마미田久保真見 작사)이라는 노래 가사다.

일본의 톱 가수이자 작곡가인 호리우치 다카오堀内孝雄(1949~) 씨가 작곡하고 노래도 부른 「매미 허물의 집」은 내가 일본 작사 대상 심사위원으로 초청받았을 때 후보작으로 접한 대중가요인데, 노랫말이 굉장히 독특하면서도 독창적이었다.

사회문제를 노래로 호소하고 싶다는 호리우치 씨의 제안에 작사가인 다쿠보 씨가 떠올린 것은 빈집 문제! 무엇보다 빈집 문제를 대중가요의 노랫말 주제로 삼았다는 점 자체가 신선했는데,

빈집에서 한 걸음 더 나아가 감성을 촉촉이 적시는 노랫말의 전개가 혀를 내두를 정도로 훌륭했다.

최근 사회문제로 대두되고 있는 빈집과 사람들의 정서를 노래하는 대중가요를 어떻게 연결할 것인가, 바로 여기에서 독창성이 탄생한 셈이다. 빈집이란 예전에는 사람이 살았지만 시간이 지난 오늘날에는 아무도 살지 않는 집을 말한다. 그 빈집 마당 앞에 매미 허물이 벌러덩 누워 있다. 매미도 세월이 흐르면 껍질을 벗고 어디론가 날아가는데, 허물은 매미가 사라진 뒤에 덩그러니 남겨진 흔적이다.

매미는 살아 있을 때 맴맴 시끄럽게 울음소리를 낸다. 집도 가족이 함께 살고 있을 때 시끌벅적 활기차다. 매미의 허물과 가족이 사라진 후 껍질처럼 남은 집. 매미와 빈집의 연상에서 '그런가 이 집도 세월의 허물이란 말인가' 하며 다음과 같은 애잔한 노랫말이 만들어진 것이다.

요란하게 퍼붓는 매미 울음소리 올여름도 덥구나 외치면서
이젠 아무도 살지 않는 시골집을 팔러 왔도다
멈칫대며 한순간 숨을 죽이며 철컥 문을 열었을 때
울컥 복받치는 것은 무엇이란 말인가
그립구나 애처롭구나

생명이 다하도록 매미가 운다

생명이 다하도록 살아온

옛 시절이 오롯이 남아 있는 이 방

볕에 그을린 마룻바닥에 책상다리를 하고 앉아

나도 모르게 눈물이 어린다, 하늘이 눈이 시리도록 파래서

삐걱삐걱 소리 나는 골마루를 지나면 부엌간

고마운 아침밥도 모른 채, 언제나 아침을 건너뛰고

'된장국이라도 먹고 가렴' 하는 어머니의 목소리가 들리는구나

무뚝뚝한 아버지의 헛기침 한마디

그립구나 애처롭구나

생명을 다해 매미가 운다

생명을 다해 살아간다

그 시절에 태어난 어설픔을 슬쩍 숨기고서

앞마당에 뒹구는 매미의 허물

그런가 이 집도 세월의 허물이란 말인가

그런가 이 집도 세월의 허물이란 말인가

'빈집'이라는 사회문제와 부모를 떠나보낸 서글픔을 바탕으로, 짧은 생을 마감한 매미의 허망함을 절묘하게 엮어서 노랫말을 써 내려간 작사가의 언어 감각에 감동한 나는 「매미 허물의 집」에 가장 높은 점수를 주었다. 다른 심사위원도 나와 비슷한 심정이었는지, 이 노래가 당당히 대상으로 뽑혔다.

빈집과 매미의 연관성을 이끌어냄으로써 탄생한 노랫말. 이 가사는 관점을 달리한다는 점에서 두고두고 좋은 본보기가 될 사례가 아닐까 싶다.

프레젠테이션은 그림극처럼 준비한다

많은 사람들 앞에서 말할 때 아무렇지도 않게 입이 술술 열리는 사람은 매우 드물다. 하고 싶은 말을 미리 메모했더라도 긴장한 나머지 버벅대기 일쑤다. 이때는 발표 내용뿐 아니라 이야기의 흐름을 종이에 정리해두는 것이 훨씬 효과적이다. 한 장으로 압축해도 좋지만, 짜임새 있는 발표를 위해 그림극처럼 몇 장의 종이를 연속으로 준비해두면 크게 도움이 된다.

마찬가지로 과제 발표 시간이 되면 나는 학생들에게 발표 내용의 전개를 나름대로 모색한 다음, 머릿속에 떠오른 흐름을 종이에 간추리고 강의실에서는 그 종이를 한 장씩 넘기면서 발표하도록 지도하고 있다. 처음에는 말을 잘하는 학생과 그렇지 않은 학생의 실력 차이가 꽤 크지만, 발표 활동에 점점 익숙해지면 모든 학생이 조리 있게 자신의 생각을 언어로 표현할 수 있게 된다. 전원 발표를 통해 서로 배우며 고도의 프레젠테이션 능력을 갈고닦는 것이다.

만약 사람들 앞에 서는 순간 가슴이 울렁울렁하며 불안해지는 '무대 울렁증'을 느낀다면, 사전에 발표 자료를 더 치밀하게 준비해보자. 발표 내용의 뼈대를 세워서 더하지도 덜하지도 않은 적절한 정보를 전달할 수 있으며 무엇보다 실수가 적다. 게다가 듣는 사람도 '이 발표자는 왜 이렇게 덜덜 떨지? 내가 더 조마조마하네!' 하며 불안해하지 않고 말하는 사람의 이야기에 집중할 수 있다.

최근에는 프레젠테이션을 도와주는 소프트웨어인 파워포인트로 만든 화면과 함께 발표하는 사람이 많다. 물론 파워포인트는 시각적인 보조 자료로 훌륭한 도구임에 분명하지만, 개인적인 경험에 비추어볼 때 그림극처럼 종이를 한 장씩 넘기면서 말하면 온몸으로 말하기, 듣기를 실천할 수 있기 때문에 더 나은 효과를 거둘 수 있다고 확신한다.

나는 대학에서 교원 양성 강의를 담당하고 있는 터라 제자들이 대부분 교사의 길을 걷고 있다. 교사는 수업을 진행하면서 끊임없이 학생들에게 교과 내용을 이해시켜야 하기에 어떻게 하면 머릿속에 쏙쏙 들어가는 설명을 할 수 있는지, 어떻게 하면 쉽게 전달할 수 있는지, 그 방법을 항상 고민하고 실천하려고 애쓴다. 특히 교사가 공을 들이는 작업이 교안 작성과 그에 따른 수업용 인쇄물 제작이다. 제한된 수업 시간에 학생들의 이해도를 최대한 끌어올리기 위해 시간과 정성을 들여 사전에 수업용 발표 자료를 준비하는 것이다.

수업용 인쇄물을 만드는 시간은 학생들을 위한 시간이면서도, 사실 교사 자신이 가르쳐야 할 내용을 정리하면서 머릿속에 입력하는 시간이다. 수업 자료를 간추리는 과정에서 교사도 교수법을 공부하기 때문에 인쇄물을 만드느냐, 만들지 않느냐는 수업의 질적인 측면에서 크게 차이가 난다. 더욱이 설명의 논리를 재차 확인하면서 차근차근 이해하기 쉽게 말하는 훈련도 할 수 있다.

조리 있게 설명하지 못하고 횡설수설하는 사람은 단박에 알 수 있다. 특히 '으음', '그러니까' 등의 허사를 남발하는 사람은 하고 싶은 말이 깔끔하게 정리되어 있지 않다 보니 말을 더듬고 있는 것이다.

그 증거로 텔레비전 토론 프로그램에서 맹활약하는 달변가를 보면, 말할 때 머뭇거리는 모습을 찾아보기 어렵다. 한마디의 허사도 내뱉지 않는 이유는 머릿속에 하고 싶은 말을 미리 정리해놓고 발표 차례가 오면 정제된 언어를 바로바로 출력해내기 때문이다.

더러 자신만의 언어를 찾으면서 말하는 연사가 있다. 자신의 내면과 대화하면서 진중하게 단어를 짜내는 사람! 창조적인 사람의 말하기에서 종종 볼 수 있는데, 이는 말을 더듬거리는 눌변과는 전혀 다르다.

다만 '슬로' 화법이 통하는 상황은 '이 사람의 이야기를 간절히 듣고 싶다'며 듣는 사람이 차분히 기다려줄 때다. 청중이 연사의 입만 보고 있을 만큼, 가치 있는 언어를 출력할 수 있는 교양인은 아주 느릿느릿 말해도 크게 문제되지 않는다.

그러나 업무 현장에서 많은 사람들에게 효과적으로 메시지를 전달하고자 할 때는 단순히 화술에만 의존하지 말고, 사전에 이야기의 흐름을 간추린 요약본을 촘촘하게 만들어서 발표할 때 도움을 받는 것이 가장 현명한 프레젠테이션 대처법이라는 점, 꼭 기억해두자.

세련되게 끊고 부드럽게 이어나가려면

대화의 즐거움은 각자 하고 싶은 말을 토해냄으로써 개운함을 맛보는 일이다. 한쪽이 일방적으로 말하고, 다른 한쪽은 할 말이 많은데 마냥 듣고 있어야 한다면 대화의 즐거움은커녕 스트레스만 쌓이게 마련이다. 할 말이 별로 없는데 말해야 하는 상황보다 하고 싶은 이야기가 많은데 시원하게 털어놓지 못하는 자리에서 우리는 훨씬 더 큰 불만을 느끼게 된다. 따라서 적당히 말하고 적당히 들어야 한다. 이것이 대화의 매너이자 의사소통의 원칙이다.

얼마 전에 음식점에서 점심을 먹고 있을 때 옆자리에 앉은 여성 두 명의 대화를 우연히 듣게 되었다. "○○ 씨는 늘 자기 얘기만 늘어놓고, 내 이야기는 전혀 들어주질 않아. 나는 그렇게 열심히 들어주는데 말이야. 사람이 어쩜 그럴 수가 있니?" 하고 한 사람이 먼저 이야기를 꺼내자 "맞아, 나도 ○○ 씨 얘기를 들어주다가 진짜 미치는 줄 알았어" 하며 상대방도 거세게 맞장구를 쳤다. 그 이야기가 끝나고 다른 화제로 넘어갔구나 싶었는데, 잠시 후 다시 '○○ 씨' 이야기가 등장했다. 일방적으로 들어야 하는 괴로움을 하소연하는 대화를 접하면서, '정작 본인은 하고 싶은 말을 한마디도 못한 채 타인의 이야기를 꾸역꾸역 들어줘야 하는 대화는 정말 최악이구나!' 하고 새삼 깨닫게 되었다.

이처럼 누군가 한 사람이 대화 시간을 독점하는 일은 바람직하지 않다. 상대방과 이야기를 나눌 때는 말하는 시간을 조절하면서 '주거니 받거니' 하는 배려가 중요하다.

물론 '어쩌다' 마이크를 독점하는 사람도 있다. 자신의 이야기에 지나치게 몰입한 나머지 주위를 미처 생각하지 못하는 경우도 있을 것이다. 하지만 상대가 의도했든 의도하지 않았든 간에 대화 시간 내내 입도 벙긋하지 못하고 듣고만 있다 보면 은근히 부아가 치민다. 이야기를 듣느라 화가 난 자신을 위해, 그리고 아무것도 모른 채 마이크를 놓지 않는 상대를 위해서도 세련되게 끊고 부드럽게 이어나가는 대화의 기술이 필요하다. 말하자면 컷인cut in, '끼어들기'인데 막무가내로 끼어들면 아무리 대화를 독점하던 상대라도 표정이 찌푸려지게 마련이다. 따라서 자연스럽게 끊고 들어가는 방법을 고민해야 한다.

상대방의 이야기 허리를 뚝 끊어놓지 않으려면 상대의 말을 고스란히 이어받으면서 "그러고 보니 지금 하신 말씀에서 생각났는데요" 하는 식으로 개입하는 것이다. 상대방의 이야기에 자극을 받아서 뭔가 떠오르는 바가 있다고 설득하면, 대화의 흐름을 깨지 않고 맥락을 같이하면서도 자신의 이야기를 할 수 있다.

반면에 바람직하지 않은 끼어들기는 "좀 다른 이야기인데" 혹은 "관계없는 이야기인지도 모르지만" 하며 화제를 바꾸는 관용구를 사용하는 화법이다. 불쑥 화제를 돌리거나 다른 이야기를 하겠다고 선포하는 순간, 상대방은 자신의 이야기가 무시당했다고 느낀다. 이쯤 되면 상대의 표정이 어두워지는 것도 당연하다. 따라서 다짜고짜로 남의 이야기를 자르는 것이 아니라 예의를 지키면서 자연스럽게 들어가야 한다.

대화의 끼어들기를 자동차 주행에 비유한다면 고속도로에서 차선을 바꾸는 상황과 아주 흡사하다. 고속도로에서 차선을 바꿀 때는 다른 차의 흐름을 방해하지 않으면서 조금씩 속도를 내서 원하는 차선으로 들어서야 한다. 마찬가지로 대화의 흐름을 살피면서 지금 이 이야기를 꺼내면 흐름을 탈 수 있을지 판단하고 대화의 템포를 끌어올리는 기분으로 "그 말씀을 들으니까 생각났는데요" 하며 슬쩍 덧붙이면서 끼어드는 것이다.

요즘 텔레비전을 시청하다 보면, 진행자 한 사람과 게스트 여러 명이 빙 둘러 앉아서 주어진 주제를 놓고 서로 주거니 받거니 의견을 나누는 방송 프로그램을 흔히 접하게 된다. 나도 게스트로 출연할 때마다 느끼지만, 한정된 시간에 말하려고 하면 아무래도 타인의 말을 끊어야 하는 난처한 상황이 생긴다. 특히 발언을 통해 존재감을 드러내고 싶은 연예인들은 더더욱 골머리를 앓는 것 같다.

이때 진정한 베테랑은 '고속도로에서 차선을 바꾸듯이' 전혀 이물감 없이 끼어들지만, 조급해하는 게스트는 앞사람의 이야기를 싹둑 자르고 '훅' 들어오는 느낌이다. 보고 있는 사람도 불편하기는 매한가지다. 게다가 게스트의 조급함과 초조함도 덩달아 전해진다. 생방송이라면 어색한 느낌이 고스란히 시청자들에게 전해질 테고, 녹화방송이라면 통편집되기 일쑤다. 전자도 후자도 방송 출연으로 좋은 이미지를 심어주려는 바람은 이루기 어렵지 않을까 싶다.

분위기를 살피다가 아무래도 끼어들기가 어려운 상황이라면, 나는 진행자가 발언권을 줄 때까지 차분히 기다린다. 발언권을 골고루 주는 것이 진행자의 역할이므로 시간이 없더라도 한 번은 마이크를 넘겨준다. 이때는 장황하지 않게 코멘트 한마디로 간결하게 끝낸다. 갑자기 발언권이 주어졌을 때 초조하지 않게끔 항상 준비하고 있는 것이다. 결과적으로 연비가 좋은 코멘트가 탄생할 수 있다.

코멘트 내용은 그 자리의 화젯거리를 더 풍성하게 만들어줄 새로운 정보가 환영받는다. 단순히 끼어들기에 머물지 않고, 지식과 정보를 늘려준다는 측면에서 매력적이기 때문이다.

예를 들어 최신 영화 이야기라면, "그 영화의 클라이맥스 장면 있잖아요, 며칠 전에 마침 거기를 견학할 일이 있었는데요" 하며 지금까지 아무도 이야기하지 않은 내용을 꺼내면 눈을 반짝이며 들어준다. 발언권을 준 진행자도, 그 자리에 있는 방청객도 충분히 들을 만한 가치가 있다고 생각하는 것이다.

새로운 정보는 대화에 추진력을 선사한다. 생생한 정보를 활용해서 세련되게 끊고 부드럽게 대화를 이끌어나가는 베테랑의 '끼어들기'를 정착시켰으면 한다.

대화에서 길을 잃지 않으려면

새로운 정보를 담아서 이야기를 전개할 때 적당히 변주하는 '적정선'이 중요하다. 너무 많이 방향을 틀면 무슨 이야기를 하고 있었는지 까먹기 일쑤다. '세 번 이사 가면 첫 번째 살던 집은 깡그리 잊어버린다'는 옛말처럼 말이다.

특별히 의미를 추구하지 않는 대화, 잡담이라면 화제가 빗나가도 '맞아 맞아, 그렇지' 하며 이야기를 이어나갈 수 있다. 흔히 주절주절 늘어놓는 수다가 그렇다. 어디라도 자유롭게 여행을 떠나고 처음 장소로 돌아오지 않아도 된다. 그런 편안함이 잡담의 매력이라고 할 수 있다.

하지만 어떤 주제를 놓고 진지하게 대화를 할 때는 A→B→C→D로 이야기가 펼쳐져도 다시 A로 돌아오는, 앞뒤 문맥을 헤아리는 능력이 필요하다. 주제와 관련된 구체적인 예화는 '동에 번쩍 서에 번쩍' 다채롭게 흘러가도 상관없지만, 저마다 이야기의 갈림길만큼은 명확히 기억해두어야 한다. 그래야 '어디에서이 이야기가 나왔지?' 하며 머뭇거릴 때 바로 출발점을 찾을 수있기 때문이다.

이처럼 아무리 대화의 범위가 사방으로 흩어지더라도 마지막에는 다시 처음으로 돌아올 수 있는, 사물의 관련성을 염두에 두고 이야기하는 사람은 말 잘하는 사람으로 통한다.

대화는 '라이브'다. 지나치게 논리만 따지는 이야기는 대화로서 재미가 없다. 이는 강연회도 마찬가지다. 강연회는 연사가 일방적으로 말하는 자리이지만 듣는 사람은 자신과 강연자의 대화로 받아들인다. 상호 작용, 교감이 중요하다. 따라서 강연도 대화의 일부라고 생각하는 것이 바람직하다.

미리 준비한 원고를 유창하게 읽는 것도 나쁘지 않겠지만, 단순히 원고 읽기에 그친다면 청중은 지루해하게 마련이다. 말하는 강연자도 긴장감이 떨어진다.

나는 강연을 맡으면 모든 사람이 몸을 움직이거나 소리를 내거나, 혹은 질의응답 시간을 마련하는 식으로 쌍방향을 연출할 수있는 다양한 장치를 준비한다. 원고에 없는 일화를 덧붙이는 경우도 있다. 청중의 반응을 살피면서 어떤 내용은 평소보다 더 깊이 있게 이야기하거나, '다들 재미있어 하시니 좀 더 말씀드린다면' 하며 분위기에 따라서 강연 내용을 적당히 변주하기도 한다. 이런 라이브 감각을 통해 강연장에 모인 모든 사람이 적극적으로 강연회에 참여할 수 있고, 나도 새로운 경험을 하는 만큼 기분 좋은 긴장감을 즐길 수 있다.

마찬가지로 대화에서 현장감을 연출하려면 미리 준비한 이야기만 읊는 것이 아니라 말맛을 살리는 양념도 적당히 뿌릴 줄 알아야 한다. 다만 조각조각 흩뿌려둔 채로 이야기를 흐지부지 끝낼 것이 아니라 처음으로 돌아오는 되돌이표를 반드시 챙겨둬야 한다. 왁자지껄 대화에서 길을 잃지 않으려면 맥락을 파악하는 능력이 반드시 필요하다.

하고 싶은 말을 또렷이 전하기 위한 이야기의 뼈대와 생동감 넘치는 현장감, 그리고 이 둘을 통합하는 솜씨만 있다면 스마트한 달변가로 거듭날 수 있다.

'인격'과 '언어'를 하나로 생각하는 사람들

이 책의 주제를 '두 마디'로 요약한다면, 지식의 증가와 언어 구사 능력의 향상이다. 아울러 지식량과 언어력이 다소 부족해도 그때그때 상황에 맞게 대화를 이끌어갈 수 있는 '안성맞춤 대화의 기술'도 비중 있게 다루었다.

주위를 둘러보면 지식의 유무와 상관없이 말투나 말씨에 얽매이는 사람이 많은 것 같다. 그렇다면 우리는 왜 이토록 타인과의 대화에 예민하게 반응할까? 이는 '인격'과 '언어'를 구분하지 않는 정서와 무관하지 않을 것이다. 요컨대 인격과 언어를 하나로 묶어서 언어의 의미에는 말하는 이의 인격과 관점이 내포되어 있다고 생각하는 사람이 많기 때문이다.

토론의 기본 뼈대는 고대 그리스에서 이미 정비되었다. 졸저인 『그리스 철학의 대화력ギリシャ哲学の対話力』이라는 책을 집필하면서 소크라테스Socrates(기원전 470?~기원전 399), 플라톤Platon(기원전 428?~기원전 347?), 아리스토텔레스Aristoteles(기원전 384~기원전 322) 등 철학자의 대화법을 연구한 적이 있다.

고대 그리스의 철학자들은 '대화의 규칙'을 공유하고, 마치 스포츠 경기처럼 대화를 진행했다. 일정한 규칙을 바탕으로 저마다의 생각이나 주장을 펼치고 진검승부를 겨룬 뒤에는 상대방의 건투를 기원하며 게임 종료! 바로 이것이 그들의 진정한 대화였던 것이다.

원래 변증법이란 A에 대해 B라는 반대 의견을 말하고, 그 대립이나 모순을 통해 진리에 도달하는 대화의 기술로, A와 B의 대립

구조가 전제 조건이다. 변증법적 법칙은 독일의 철학자인 게오르크 빌헬름 프리드리히 헤겔Georg Wilhelm Friedrich Hegel(1770~1831)에 이르러 확립되었지만, 그 기원은 고대 그리스의 대화술에서 비롯되었다. 일부러 반대 의견을 말함으로써 더 나은 결과를 이끌어내는 방식은 고대 그리스 시대부터 대화의 규칙으로 존재했던 것이다.

한편 동양적 사고는 감정과 논리를 하나로 받아들이기 때문에 마치 운동 경기와 같은, 그리스 철학의 토론 문화가 뿌리내리기 어려웠다. 더욱이 화합을 중시하는 사회에서 굳이 대립 구조를 만들면서까지 논쟁을 벌이는 일은 누구나 피하려고 한다.

이와 관련해 구체적인 예를 든다면, "미국 트럼프 대통령의 정치 스타일은 정말 형편없어요!" 하고 누군가가 발언했을 때 "맞아요, 나라가 벌집을 쑤셔놓은 것처럼 어수선해요. 주가도 떨어지고, 앞으로가 더 걱정이네요" 하고 상대방의 이야기에 동조하면서 말을 이어나가는 사람이 대부분이다.

만약 이 상황에서 "하지만 많은 사람들이 트럼프 대통령에게 표를 던졌다는 건 그만한 이유가 있지 않을까요? 어쩌면 기득권에 대한 반발이 아주 거세게 일어났는지도 모르지요" 하고 반대 의견을 드러내면, "그런가요" 하며 거기에서 대화가 끊어질 가능성이 높다. 그도 그럴 것이 대화 시간에 대립각을 세우는 순간, 썰렁한 분위기를 직감하기 때문이다. 따라서 '화기애애한 대화에서 일부러 찬물을 끼얹을 필요는 없지 않은가?' 하며 처음부터 감정적으로 대립하지 않으려고 서로 조심하는 것이다.

특히 마음의 상처를 받기 쉬운 예민한 사람들은 언성이 높아지는 논쟁을 더더욱 원하지 않을 것이다. 심지어 갑론을박 뒤에는 곧바로 관계가 소원해진다고 여기는 소심쟁이도 있을지 모른다.

나는 일본인의 소심한 기질을 고찰한 적이 있는데, 적어도 내가 보기에는 아시아인이라고 해서 모두 소심하지는 않은 것 같다. 한국인도, 중국인도 일본인보다는 훨씬 대담무쌍한 민족이다.

일본인 특유의 약체 요인 가운데 하나는 '불안 유전자'가 강하다는 점, 또 하나는 술에 약한 사람이 많다는 점을 꼽고 싶다. 일본에서도 서쪽 지방 사람들은 비교적 술에 강하기 때문에 그나마 대담한 편이다. 용감하고 도전 정신이 강한 민족은 살고 싶은 땅이 있으면 자신의 이상향으로 이동해서 정착한다. 아프리카에서 인류가 탄생한 후에 가장 먼저 유럽으로 이동했다. 유럽에서 살 수 없었던 민족이 조금씩 동쪽으로 거처를 옮겼고, 일본인의 조상은 동쪽 끝자락까지 내몰렸다. 어쩌면 같은 일본이라도 동쪽 지방은 더 조심성이 많은 사람들로 이루어졌는지도 모른다. 결과적으로 나는 일본인이 일본 땅에 정착하게 된 것도 소심함 때문이라는 다소 엉뚱한 가설을 세웠다.

섬세하면서도 예민한 사람들은 '무엇을 말했는지'보다 '어떻게 말했는지' 하는 감정에 방점을 찍는다. 자신에게 도움이 되는 조언이나 꼭 필요한 주의 사항인데도 '왜 그렇게 말하지? 나 상처받는데' 하며 입을 쭉 내미는 것도 바로 그런 연유에서다. 이처럼 대화의 분위기에 지나치게 얽매이다 보니 언어의 의미를 상실하는 경우도 있다.

따라서 소심하고 예민한 기질을 지닌 사람일수록 달콤한 감언이설보다는 쓰디쓴 약석지언藥石之言에 귀를 기울이는 마음의 여유를 잃지 않았으면 한다.

예민한 사람과 소통할 때

아주 예민한 사람은 언어 자체보다 감정을 먼저 읽는 경향이 있다. 감정 센서가 워낙 빨리 작동하기 때문에 말의 논리를 이해하기 전에 '이 사람이 나에게 우호적인가, 적대적인가' 하는 감정을 순식간에 포착하는 것이다.

바른말을 하거나 값진 조언을 하더라도 상대방이 부정적인 감정을 감지한다면 자신의 의도가 상대에게 제대로 전달되지 않는다. 게다가 상대방이 호감을 갖고 있는 것에 대해 자신이 부정적인 태도를 보이면 상대는 더 이상 이야기를 꺼내지 않을지도 모른다. 결국 대화가 끊어지는 것이다.

민감한 사람과 계속 대화하고 싶다면 상대방이 화젯거리를 긍정적으로 받아들이느냐, 부정적으로 여기느냐를 먼저 간파해야 한다. 예컨대 영화 이야기가 나왔을 때, 상대방이 '재미있다'고 생각했다면 자신은 재미없다고 생각했더라도 우선은 "재미있게 보셨군요!" 하고 상대방의 마음을 있는 그대로 받아들여준다. 그런 다음 "요즘 인기가 대단하죠!" 하며 일반적인 감상을 토로하면, 까칠한 상대라도 환한 표정을 지으며 이야기를 계속 이어나갈 것이다.

대개 자신이 좋아하는 것들을 대화의 소재로 삼고, 자신의 취향을 타인과 공유하면서 친밀감을 느끼고 싶어 한다. 따라서 친목을 도모하는 편안한 대화 시간에 지극히 개인적인 취향과 관련해 심한 언쟁을 벌이다 보면 돈독한 인간관계는커녕 썰렁한 분위기로 대화가 끝나버리기 십상이다. 말하자면 득이 될 게 하나도 없다.

예민한 사람과 마음을 터놓고 대화하려면 어떤 화제에 대해 상대방이 어떻게 생각하는지, 긍정적인지 부정적인지의 감정을 재빠르게 꿰뚫어보는 일이 중요하다. 아울러 상대에게 전하고 싶은 말이 있는 경우에는 '나는 당신을 참 좋은 사람이라고 생각합니다!'라는 식의 호감을 곁들여서 언어로 표현하면 상대방의 마음에 확실하게 다다를 수 있다.

만약 '당신은 정말 똑똑한 달변가이군요!' 하고 두루두루 인정받고 싶다면, 더할 나위 없이 겸손하면서도 교양있다운 화법을 구사해야 한다. 나아가 서로 기분이 좋아지는 대화, 발전적인 대화를 끌어나갈 수 있을 때 누구나 알아주는 진정한 능력자가 된다.

말이라는 것은 물과 같아서 높은 곳에서 낮은 곳으로 흘러간다. 정보가 많은 쪽에서 적은 쪽으로 흐르고, 지식이 넘치는 곳에서 부족한 곳으로 나아간다. 이런 이야기에서는 A에서 B로 흘러간다면, 저런 대화에서는 B에서 A로 흘러갈 수도 있다. 이처럼 화젯거리에 따라 주거니 받거니 나눔으로써 지성의 수위를 다 같이 높여가는 것이 의미 있는 대화가 아닐까?

현대인은 의사소통 없이 단 하루도 생활하기 힘들다. 일터에서도 가정에서도 모든 인간관계는 대화로 이루어진다고 해도 과언이 아니다.

아무쪼록 진정성 있는 대화를 통해 진심으로 마음을 나누는, 행복한 소통의 시간이 되기를 간절히 바란다.

두루두루 통하는
안성맞춤 말솜씨와 함께

오늘날은 유머 감각이 넘치는 사람, 대화의 장에서 분위기를 화기애애하게 만드는 사람이 인기 만점인 시대다.

예전에는 유창한 달변이 텔레비전에 출연하는 예능인의 전매특허나 다름없었다. 하지만 인터넷 공간에서 누구나 영상을 공개할 수 있는 요즘은 텔레비전에 나오는 사람과 텔레비전을 보는 사람의 구분이 모호해지면서, 예능인이 아니라도 짱짱한 입심은 사회인의 기본 자질이 되었다. 일상생활에서도 막힘없는 말재주가 절실하게 필요해진 것이다.

대화를 할 때 재치 만점 표현으로 호감을 주는 사람이 있는가 하면, 반대로 말 한마디에 비호감으로 추락하는 사람도 있다. 특별하게 까칠한 성격이 아니라도, 크게 밉상이 아니더라도 말솜씨가 없어서 분위기를 망치는 눌변가! 구체적으로 예를 들자면 대화의 흐름을 읽지 못하는 사람, 자기 말만 늘어놓는 사람, 지루하게 말하는 사람, 묘하게 흥을 깨는 사람…….

이들은 대화의 공기를 썰렁하게 만드는 주범인데, 더 안타까운 점은 단순히 말주변이 없는 사람에서 그치지 않고 뭘 모르는 사람, 지식이 부족한 사람이라는 평가를 받기 쉽다는 사실이다. 요컨대 사소한 말투가 한 사람의 교양과 지성까지 좌지우지하는 셈이다.

눌변을 달변으로, '이 사람은 뭘 좀 아는 교양인이네'로 발전시키기 위해서는 어휘와 지식을 늘리는 일이 급선무라고 생각할 테지만, 이 방법은 엄청난 시간이 필요하다. 물론 노력 자체는 절대 나쁘지 않지만 하루아침에 지식을 쌓고 어휘력을 갈고닦기는 어렵다.

반면에 대화는 매일매일 이루어지는 활동이고, 대화를 통한 그 사람의 평가도 시시각각 이어지고 있다. 이런 연유에서 지금 당장 효과를 내고 지성인으로도 인정받을 수 있는 대화법, 이를 본문에서는 '안성맞춤 대화의 기술'로 소개했다.

그때그때 적절하게 대처하는 안성맞춤 말솜씨는 철철 넘치는 지식을 뽐내거나 완벽한 언변을 자랑하는 것이 아니다. 결코 탁

월하지는 않지만 적어도 부족함이 없는 상태! 최고라는 찬사까지
는 아니더라도 융통성 있는 사람으로 인정받는 그야말로 더하지
도 덜하지도 않은, 두루두루 통하는 대화법인 것이다.

매 순간 전문가의 시각으로 지식을 읊는 것이 능사는 아니다.
예컨대 와인에 심취한 사람이 레스토랑에서 상대방의 취향을 고
려하지 않은 채 오직 와인 지식만 늘어놓을 때 이런 경구가 상대
방의 머릿속에 스치지 않을까.

'정도가 지나침은 미치지 못함과 같다.'

정보가 차고 넘치는 대화만이 정답은 아닐 터, 때와 장소에 따
라 지나치거나 모자라지 않고 한쪽으로 치우치지도 않는 중용을
지키는 화술이 가장 편안한 대화로 이끌어줄 수 있다.

아는 게 많고 이야깃거리가 넘쳐흐르는 사람, 게다가 알고 있는
지식을 똑 부러지게 전달하는 완벽한 언어력을 갖추고 있는 사람,
말하자면 본문에서 소개한 최고의 달변가가 구사하는 화법을 목
표로 하고, 이를 달성할 수 있다면 더할 나위 없이 좋을 것이다.

하지만 지식도 부족하고 말도 못하는 사람이 어느 날 갑자기
최고의 이상향을 추구한다면 실현 가능성은 희박할 것이다. 그보
다는 이상향을 최종 목표로 삼으면서 우선은 더하지도 덜하지도
않은 안성맞춤 상태를 당면 과제로 실천하는 쪽이 훨씬 현실적이

다. '안성맞춤 대화의 기술'을 충분히 숙지한 후에 최고의 이상향을 생각해도 늦지 않다.

'구슬이 서 말이라도 꿰어야 보배'라는 속담처럼, 훌륭한 지식을 갖추고 있더라도 이를 쓸모 있게 출력하지 못하면 아무 소용이 없다. 눈에 보이지 않는 지식과 교양을 언어로 또렷이 표현하지 못하면 알고 있음을 증명할 길이 없다. 뒤집어 말하면, 막힘없이 말 잘하는 사람은 지식인으로도 인정받을 수 있다.

이 책이 여러분의 말공부에 조금이나마 도움이 된다면 이 책을 준비한 한 사람으로서 그보다 더한 기쁨은 없을 것이다.

사이토 다카시

진심으로 소통하고 싶어 하는
사람의 대화법

'옮긴이의 말'을 시작하면서 먼저 여러분에게 조심스럽게 여쭤보고 싶은 게 있다.

독자 여러분이 생각하는 '말로 성공하는 사람'은 과연 어떤 모습일까?

당연히 백인백색의 대답이 나올 텐데, 그렇다면 이 책의 저자인 사이토 다카시가 생각하는, '말로 성공하는 사람'의 참모습은 어떤 모습일까?

이 책의 주제와도 통하는 이 질문에 대한 답을 찾기 위해 '저자의 주문대로' 이 책을 세 가지 키워드로 요약해보자.

• 사이토 다카시

- 지식과 언어의 매트릭스
- 안성맞춤 대화의 기술

먼저 사이토 다카시는 일본에서 다방면으로 활동하는 교양인이자 메이지 대학교 교수로, 넓고 깊은 지식을 알기 쉬운 언어로 전달하며 많은 이들의 롤모델로 뜨거운 호응을 얻고 있다. 말하자면 말로 성공한 사람들 가운데 본보기가 될 만한 인물이기에 저자의 말에서 달변의 힌트를 얻을 수 있으리라 확신한다.

두 번째 키워드는 지식과 언어의 매트릭스!

서장을 펼쳐보면 알 수 있듯이, 이 책은 언어 구사 능력과 지식량을 각각 씨실과 날실로 엮어서 말하기 유형을 네 가지 매트릭스로 나누고 각 유형별로 대화법의 발전을 모색한다는 점에서 이 책만의 차별화 요소를 찾을 수 있을 것 같다.

또한 각 장의 도입부에서는 매트릭스 그림을 소개하며 말하기의 현재 위치와 나아갈 방향을 일목요연하게 정리해주고 있다. 옮긴이가 그랬듯이, 독자 여러분도 자신의 현재 위치를 가늠해보고 앞으로 어떤 방향으로 말하기를 훈련해야 하는지 큰 그림을 그려본다면 본문 내용이 훨씬 더 솔깃하게 다가오지 않을까 싶다.

세 번째는 안성맞춤 대화의 기술!

이 책의 지향점인 알고 있는 지식을 똑 부러지게 전하는 궁극적인 목표와는 별개로, 지금 당장 곧바로 써먹을 수 있는, 그런 대로 부족하지 않은 안성맞춤 대화의 기술을 저자는 친절하게 알려주고 있다.

요컨대 말도 잘하고 폭넓은 지식도 갖춘 최고가 되려면 시간이 많이 걸리기에 잘 모르는 화제라도 부드럽게 대화를 이끌어갈 수 있는 임기응변 대화법을, 완벽한 달변가의 대화법과 나란히 소개함으로써 현실과 이상향이 적절히 어우러진 대화법 지침서라는 점도 이 책만의 강점이다.

그럼 이번에는 옮긴이만의 내밀한 감상을 세 가지의 키워드로 요약한다면 '공감', '배려', '실천'으로 압축하고 싶다. 그도 그럴 것이 본문에서 저자가 소개하는 말하기 처방전은 상대방을 도외시한 채 하고 싶은 말만 내뱉는 일방통행의 얄팍한 스킬이 아닌, 양방향 소통에 방점이 찍혀 있기 때문이다.

저자는 논쟁에서 승리하기 위한 말하기의 테크닉이 아닌, 상대방과 끊임없이 소통하기 위해 사람들의 이야기에 귀를 기울이며 대화의 불씨가 꺼지지 않도록 상대방은 물론이고 대화의 분위기를 두루 살피는 배려를 소리 높여 강조하고 있다. 말하자면 두 번 다시 대화하고 싶지 않은 비호감 논쟁꾼이 아닌, 오래오래 이야기를 나누고 싶은 호감형 달변가를 목표로 하는 것이다.

　또한 저자는 말하기의 달인이 되고 싶으면, 운동선수가 매일 실전에 참가하듯 자신이 배우고 익힌 내용을 바로바로 아웃풋하는 실천의 중요성을 역설한다.

　결론적으로 사이토 다카시가 이 책에서 제시하는 '말로 성공하는 사람의 대화법'은 번지르르한 말로 사람들을 현혹시키는 한마디의 사탕발림이 아니라 상대방의 이야기에 공감하면서 진심으로 소통할 수 있는 말하기의 마음가짐인 것이다.

　그럼 이쯤에서 사이토 다카시가 생각하는, '말로 성공하는 사람'의 참모습을 정리한다면 아래의 본문 구절에서 그 답을 찾을 수 있지 않을까?

　누군가에게 보여주기 위한 과시용 지식이 아니라 바로 자신을 위한 참된 지식을 목표로 삼아야 한다. 지나치게 자잘한 정보만 잔뜩 긁어모아놓고 자아도취에 빠지거나, '난 이런 것도 알고 있다고!' 하며 허세를 부리는 것은 단순히 과시욕에 지나지 않는다. 두루두루 인풋하고 끊임없이 아웃풋하는 소통을 기꺼이 즐기면서 참된 지식을 늘려갈 때 비로소 앎의 기쁨을 만끽할 수 있다.

세상만사 모든 것은 돌고 도는 것이 좋다고 나는 생각한다. 피도 잘 돌아야 건강에 좋고, 기운도 그렇고 호흡도 마찬가지다. 같은 맥락에서 지식도 돌고 도는 순환이 중요하다. 인풋한 지식을 아웃풋하고, 또 상대방이 아웃풋해준 지식을 다시 인풋한다. 이렇게 지식이 순환함으로써 앎의 대사 활동이 활발해진다. 입력한 정보를 단단히 정착시키고, 또 새로운 지식을 흡수한다. 이를 원활하게 만드는 것이 바로 의사소통의 매력이다.

요컨대 저자는 대화의 장에서 상대방의 공감을 끌어내려는 노력이 '말로 성공하는 대화법'의 지름길로 이끌어주고, 진심을 다해 소통하려고 힘쓰는 사람만이 말로 성공하는 사람이 될 수 있음을 본문 곳곳에서 일깨워주고 있다.

아무쪼록 누군가를 이기기 위한, 누구보다 앞서기 위한 일방적인 말하기가 아니라 사이토 다카시의 바람대로 소통의 대화법을 통해 누구와도 공감대를 형성하며 누구에게나 호감을 줄 수 있는, 매력적인 달변가로 나아가기를…….

6월 어느 토요일, 흥겨운 소통의 장에서
미소 번역가 황소연

| 본문에 소개된 책 |

제1장 생각을 말로 표현하는 실천 아웃풋

‣ 松岡正剛(마쓰오카 세이고) 監修, 編集工学研究所 構成, 『情報の歷史 : 象形文字か
　　ら人工知能まで(정보의 역사 : 상형문자에서 인공지능까지)』, NTT出版, 1990.
‣ 세나 히데아키 지음, 문대찬 옮김, 『제3의 인간』, 한뜻, 1996.
‣ 柳澤健(야나기사와 다케시), 『1984年のUWF(1984년의 UWF)』, 文藝春秋, 2017.
‣ 村松友視(무라마쓰 도모미), 『私、プロレスの味方です : 金曜午後八時の論理(나는
　　프로 레슬링 쪽입니다 : 금요일 저녁 8시의 논리)』, 情報センター出版局, 1980.
‣ 표도르 도스토옙스키 지음, 김연경 옮김, 『죄와 벌』(1·2), 민음사, 2012.
‣ 애덤 스미스 지음, 김광수 옮김, 『도덕감정론』, 한길사, 2016.

제2장 바로 써먹을 수 있는 '안성맞춤 대화의 기술'

‣ 藤沢周平(후지사와 슈헤이), 『蟬しぐれ(매미 소리)』, 文藝春秋, 1988.

여기에 소개한 책은 한국어판 출간 도서를 중심으로 본문 내용과 연동하여 정리한 것입니다. 다만 한국어판이
출간되지 않은 경우, 원어에 우리말을 병기함으로써 조금이나마 한국 독자를 배려하고자 합니다 – 옮긴이

- 나쓰메 소세키 지음, 송태욱 옮김, 『도련님』, 현암사, 2013.
- James M. Cain(제임스 M. 케인), 『The Cocktail Waitress(칵테일 웨이트리스)』, Hard Case Crime, 2013.
- R. D. Wingfield(R. D. 윙필드), 『Frost at Christmas(크리스마스의 프로스트)』, Constable, 1984.
- R. D. Wingfield(R. D. 윙필드), 『A Touch of Frost(프로스트의 손길)』, Constable, 1987.
- 도널드 E. 웨스트레이크 지음, 이원열 옮김, 『뉴욕을 털어라』, 시작, 2010.
- 야마모토 쓰네토모 지음, 이강희 옮김, 『하가쿠레』, 사과나무, 2013.

제3장 교양을 두 배로 늘려주는 막강 아웃풋

- 막스 베버 지음, 박문재 옮김, 『프로테스탄티즘의 윤리와 자본주의 정신』, 현대지성, 2018.
- 鎌田東二(가마타 도지), 『超訳 古事記(초역 고지키)』, ミシマ社, 2009.
- 폴라 언더우드 지음, 김성기 옮김, 『몽골리안 일만년의 지혜』, 그물코, 2002.
- 斎藤隆介(사이토 류스케), 『八郎(하치로)』, 福音館書店, 1967.
- 후쿠자와 유키치 지음, 이동주 옮김, 『학문을 권함』, 기파랑, 2011.
- 단테 지음, 박상진 옮김, 『신곡』, 민음사, 2013.
- 공자 지음, 소준섭 옮김, 『논어』, 현대지성, 2018.
- 다자이 오사무 지음, 김춘미 옮김, 『인간 실격』, 민음사, 2004.
- 기시미 이치로·고가 후미타케 지음, 전경아 옮김, 『미움받을 용기』, 인플루엔셜, 2014.
- 斎藤孝(사이토 다카시), 『声に出して読みたい日本語(소리 내어 읽고 싶은 일본어)』, 草思社, 2001.

제4장 알고 있는 지식을 똑 부러지게 전하는 대화의 기술

- 오찬욱 옮김, 『헤이케 이야기』(1·2), 문학과지성사, 2006.
- 손자 지음, 김원중 옮김, 『손자병법』, 휴머니스트, 2016.

▸『공동번역 성서』, 대한성서공회.

▸ 표도르 도스토옙스키 지음, 김연경 옮김,『카라마조프 가의 형제들』(1·2·3), 민음사,
  2007.

▸ 미야자와 겐지 지음, 박경희 옮김,『첼로 켜는 고슈』, 작은책방, 2006.

▸ 미야자와 겐지 지음, 박정임 옮김,『미야자와 겐지 전집 1』, 너머, 2018.

▸ 제임스 웹 영 지음, 이지연 옮김,『아이디어 생산법』, 윌북, 2018.

▸ 齋藤孝(사이토 다카시),『ギリシャ哲学の対話力(그리스 철학의 대화력)』, 集英社,
  2011.

사이토 다카시의
말로 성공하는 사람의 대화법

초판 1쇄 인쇄 | 2019년 7월 10일
초판 1쇄 발행 | 2019년 7월 16일

지은이 | 사이토 다카시
옮긴이 | 황소연
펴낸이 | 박남숙

펴낸곳 | 소소의책
출판등록 | 2017년 5월 10일 제2017-000117호
주소 | 03961 서울특별시 마포구 방울내로9길 24 301호(망원동)
전화 | 02-324-7488
팩스 | 02-324-7489
이메일 | sosopub@sosokorea.com

ISBN 979-11-88941-27-8 03190
책값은 뒤표지에 있습니다.

이 도서의 국립중앙도서관 출판예정도서목록(CIP)은 서지정보유통지원시스템 홈페이지(http://seoji.nl.go.kr)와
국가자료공동목록시스템(http://www.nl.go.kr/kolisnet)에서 이용하실 수 있습니다. (CIP제어번호 : CIP2019022788)